MARVEL
SUPERKRÄFTEN
AUF DER SPUR

© 2025 MARVEL.
Alle Rechte vorbehalten.
Die deutschsprachige Ausgabe erscheint im Nelson Verlag
in der Carlsen Verlag GmbH,
Völckersstraße 14–20, 22765 Hamburg
Satz: D-to-B, Hamburg
Übersetzung: Ronit Jariv
Lektorat: Saskia Schmidt
ISBN 978-3-8451-2804-7
www.carlsen.de/nelson

Wir behalten uns die Nutzung unserer Inhalte für Text- und Data-Mining im Sinne von § 44b UrhG ausdrücklich vor.

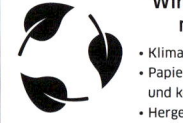

Im Original 2023 erschienen bei Studio Press,
einem Imprint von Bonnier Books UK
Geschrieben von Ned Hartley
Herausgegeben von Frankie Jones
Gestaltet von Maddox Philpot
Mit besonderem Dank an Steve Parker und Ryan North

MARVEL

SUPERKRÄFTEN
AUF DER SPUR

**Das Marvel-Universum
mit echter Wissenschaft erklärt!**

EINLEITUNG

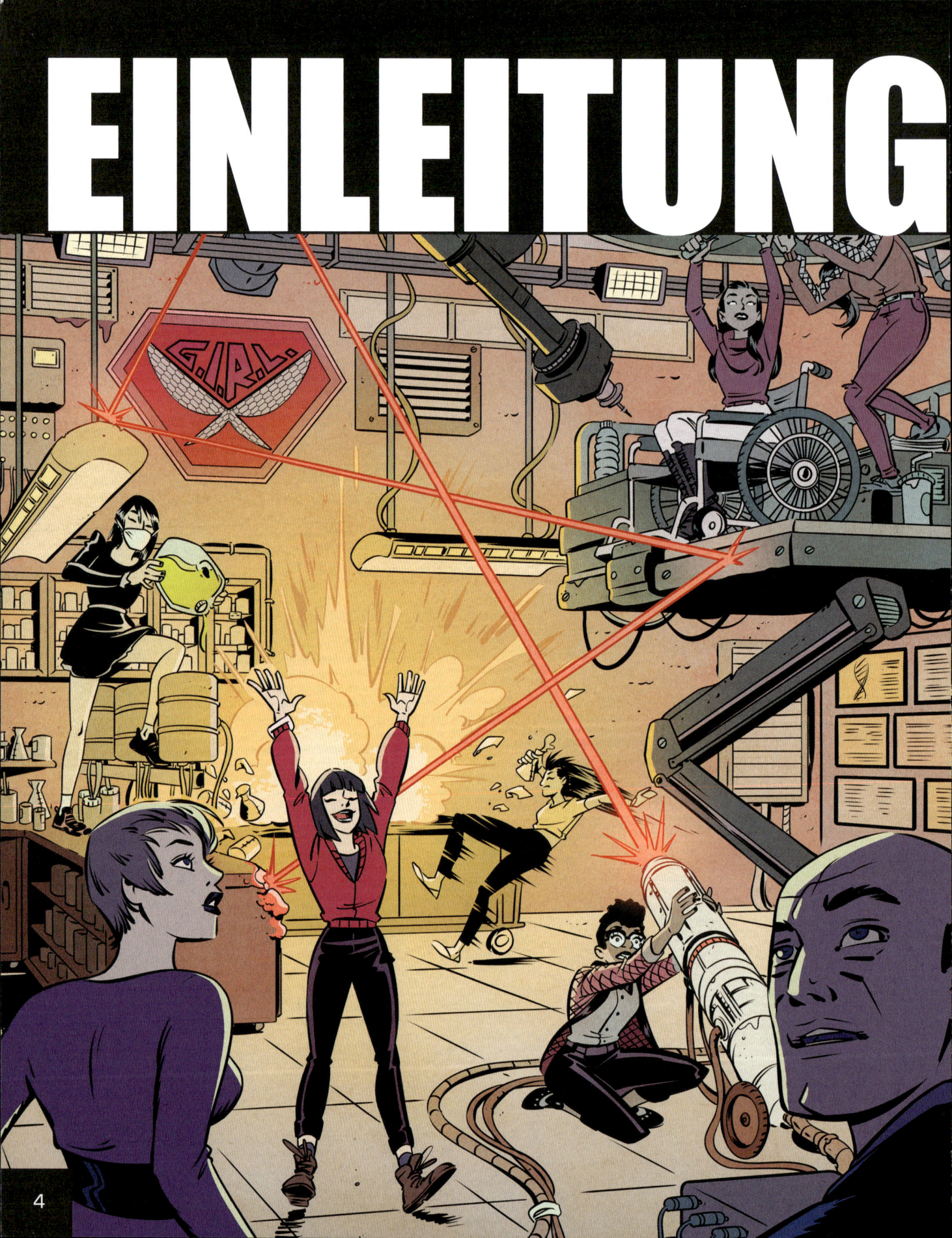

Der Begriff *Comic-Wissenschaft* ist normalerweise nicht nett gemeint. Damit will man hervorheben, dass etwas bloß ausgedacht ist, eine unwichtige Fantasie – also so was wie Süßkram ohne Vitamine im Gegensatz zu gesundem Obst und Gemüse der realen Welt, in der wir Menschen leben. Na gut, dieser Vergleich ist vielleicht etwas weit hergeholt, aber du weißt, was ich meine.

Doch so leicht kann man die angeblich erfundene Naturwissenschaft und Technologie, die in Comics vorkommt, nicht abtun. Denn wenn wir Comics schreiben, erfinden wir nicht einfach irgendetwas aus dem Nichts, sondern wir betrachten die echte Welt um uns herum ganz genau und lassen uns davon inspirieren. Ja, wir denken uns etwas aus, aber wir wollen trotzdem **die Welt vor deiner Haustür** widerspiegeln. Schon klar, in der Comicwelt gibt es außerirdische nordische Götter, Teenager mit Superkräften, fliegende Mutanten und Maulwurf-Menschen. Aber es ist trotzdem eine Welt, die deutlich als unsere erkennbar ist.

Und das bedeutet, dass die Wissenschaft darin auch wiedererkennbar ist, nur ... ein kleines bisschen **aufgemotzt**.

Nein, du und ich, wir können keine Elektroschocks erzeugen wie Miles Spider-Man Morales (außer, wenn wir unsere Füße in Socken am Teppich reiben). Aber Zitteraale können das sehr wohl – und was, wenn so etwas auch bei Menschen funktionieren würde? Nein, wir können nicht mit Pflanzen sprechen wie Mantis (zumindest antworten die Pflanzen uns nicht). Aber viele Tiere kommunizieren miteinander – was wäre also, wenn die Menschen das auch könnten? Und nein, wir können auch nicht wie Peter Spider-Man Parker einen winzigen, spinnenförmigen Sender auf ein Auto kleben, um es zu orten. Aber ...

... Moment mal ...

Doch, das **können** wir!

Lange nachdem Peter Parker 1964 im Comic *Amazing Spider-Man #11* auf die Idee mit den Spinnen-Trackern kam, erfanden wir Menschen so etwas hier in der realen Welt, indem wir die Signale von passiven GPS-Satelliten (erstmals 1978 eingesetzt) mit aktiven mobilen Internetverbindungen (erstmals 1991 eingesetzt) kombinierten. Inzwischen werden solche Sender zur Ortung weltweit genutzt, um Menschen bei allem Möglichem zu helfen: vom Aufspüren gestohlener Fahrräder über die Ortung von verlorenem Gepäck bis zum Wiederfinden eines verlegten Schlüssels.

Hmm.

Vielleicht ist einiges von dieser fantastischen *Comic-Wissenschaft* ja doch nicht so weit hergeholt.

Wie du auf den folgenden Seiten sehen wirst, sind viele Dinge, die in einem Comic zunächst wie ausgedacht wirken, gar nicht so weit entfernt von dem, womit Forscherinnen und Erfinder sich *im Moment wirklich* beschäftigen. Superhelden-Comics sind nämlich spekulativ. Das heißt, wir gehen von unserer realen Welt aus und **stellen uns vor, was sein könnte,** wenn wir alle uns ins Zeug legen, gründlich nachdenken und vielleicht auch noch ein bisschen Glück haben. Wir Autorinnen und Autoren liegen nicht immer richtig, aber das ist auch gar nicht unser Ziel. Vielmehr versuchen wir, unsere Leserinnen und Leser zu erstaunen, zu inspirieren und ihre Fantasie anzuregen. Wenn wir gute Arbeit leisten, hält die Wirkung ein Leben lang an.

Und wenn einige dieser Leserinnen und Leser so inspiriert sind, dass sie eines Tages aufwachen und denken: „Ich wette, dass ich ein paar meiner Lieblingscomicstellen Wirklichkeit werden lassen könnte ..."

... Na dann, umso besser.

Ryan North
MSc und Marvel-Comicautor

Wie Naturwissenschaft und Technik im Marvel-Universum funktionieren — 8

Zeitstrahl der wichtigsten wissenschaftlichen Ereignisse im Marvel-Universum — 10

SPIDER-MAN 12

Superkräfte — 14
Superausrüstung — 16
Feinde — 18
Verbündete — 22

DIE AVENGERS 24

Iron Man: Rüstungen — 26
Iron Man: Erfindungen — 30
Captain America — 32
Hulk — 34
Black Panther — 36
Ant-Man — 38
Vision, Ultron & KI — 40
Gebäude — 42

FANTASTIC FOUR 44

Superkräfte — 46
Erfindungen — 50
Feinde — 52

DIE X-MEN 54

Professor X & die X-Men — 56
Die X-Men — 58
Wolverine — 60
Magneto — 62

AUSSERIRDISCHE 64

Thor & die Asen — 66
Guardians of the Galaxy — 68
Galactus & der Silver Surfer — 70
Captain Marvel — 72
Thanos & die Infinity-Steine — 74
Die Inhumans & Moon Girl — 76

DIE ÜBERSINNLICHEN 78

Doctor Strange — 80
Scarlet Witch — 82

DAS MULTIVERSUM 84

Das Multiversum — 86
Das Spider-Versum — 88

Glossar — 92
Quellenangaben & Bildnachweise — 94

WIE NATURWISSEN-SCHAFT UND TECHNIK IM MARVEL-UNIVERSUM FUNKTIONIEREN

VON LUNELLA LAFAYETTE (ALIAS MOON GIRL)

Hallo, ich bin Lunella Lafayette. Ich liebe Naturwissenschaften und hoffe, dass du das auch tun wirst, nachdem du dieses Buch gelesen hast! Ich bin zwar die intelligenteste Person des Universums (und ja, auch schlauer als Reed Richards, Mister Gar-nicht-so-Fantastisch), aber das wurde ich nur, weil ich mich ewig mit den Entdeckungen beschäftigt habe, die Menschen vor mir gemacht haben.

In den Naturwissenschaften geht es darum, durch Beobachtung, Experimente und Tests herauszufinden, nach welchen Mustern, Regeln und Gesetzen unsere Welt funktioniert. In der Comicwelt kommen Wissenschaft und Technologie oft zum Einsatz, um Schurken zu besiegen oder Dinge in die Luft zu jagen, aber das ist noch lange nicht alles.

Also, kommst du mit mir auf eine spannende Reise durch das Marvel-Universum?

NATURWISSENSCHAFT UND TECHNIK BEI SUPERHELDEN UND SUPERHELDINNEN:

SUPERKRÄFTE
Es ist erstaunlich, wie viele Superheldinnen und Superhelden ihre Kräfte durch Zufall erhielten. Spider-Man wurde von einer radioaktiven* Spinne gebissen (Seite 14), und Hulk bekam bei einer Explosion Gammastrahlung ab (Seite 34). Wissenschaftlich forschen geht anders …

RETTUNG DER WELT
Superhelden und Superheldinnen sind bekannt dafür, dass sie regelmäßig die Erde und ab und zu auch gleich das ganze Universum retten. Reed Richards baute mal das gesamte Multiversum (Seite 86) wieder auf, nachdem dieses zerstört worden war.

ERFORSCHUNG UNBEKANNTER GEBIETE
Die Fantastic Four haben nicht nur Superkräfte, sondern auch große Entdeckungslust. Immerhin erhielten sie ihre Superkräfte auf einer abenteuerlichen Weltraummission (Seite 46). Seitdem haben sie Länder wie Wakanda (Seite 37) und verborgene Dimensionen wie die Negative Zone (Seite 50) besucht.

WOHNORTE
Tony Stark hat sein Haus mit der bestmöglichen Künstlichen Intelligenz (KI) ausgestattet (Seite 30). Sie kümmert sich einfach um alles!

AUSRÜSTUNG
Von Captain Americas Schild (Seite 33) bis zu Tony Starks Iron-Man-Rüstung (Seite 26): Hinter den besten Ausrüstungen steckt eine wissenschaftliche Idee. Black Panthers Vibranium-Anzug ist ein gutes Beispiel für genial angewandte Wissenschaft (Seite 36).

FORTBEWEGUNG
Iron Man hat Düsen (Seite 27), und Spider-Man schwingt sich mit seinen Netzen durch die Gegend (Seite 16) Superhelden und Superheldinnen lieben es, sich auf für Menschen ungewöhnliche Weise fortzubewegen!

* Häufig vorkommende wissenschaftliche Begriffe werden im Glossar auf Seite 92–93 genauer erklärt.

ZEITSTRAHL

DER WICHTIGSTEN WISSENSCHAFTLICHEN EREIGNISSE IM MARVEL-UNIVERSUM

Reed Richards entwirft und baut die Marvel-1-Rakete. Die Fantastic Four werden auf einem Testflug kosmischer Strahlung ausgesetzt, wodurch sie Superkräfte bekommen (Seite 46).
Fantastic Four #1

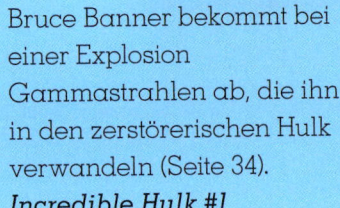

Bruce Banner bekommt bei einer Explosion Gammastrahlen ab, die ihn in den zerstörerischen Hulk verwandeln (Seite 34).
Incredible Hulk #1

Der erste Ant-Man Hank Pym entdeckt die Pym-Partikel, mit denen er auf die Größe einer Ameise schrumpfen kann (Seite 38).
Tales to Astonish #27

Peter Parker wird von einer radioaktiven Spinne gebissen und erhält dadurch Spinnen-Kräfte (Seite 14).
Amazing Fantasy #15

Tony Stark entwickelt die erste Iron-Man-Rüstung (Seite 26).
Tales of Suspense #39

Captain America erwacht dank des Serums in seinem Blut aus dem Kälteschlaf (Seite 32).
Avengers #4

Wolverine erhält ein unzerstörbares Skelett aus Adamantium (Seite 60).
Marvel Comics Presents #92

Die Fantastic Four entdecken den Ultimativen Auslöscher, eine der gefährlichsten Waffen des Universums, und hindern damit Galactus daran, die Erde zu verschlingen (Seite 70).
Fantastic Four #50

Spider-Man bringt sein schwarzes Kostüm mit auf die Erde – dieses entpuppt sich als außerirdischer Symbiont (Seite 21).
Amazing Spider-Man #252

SPIDER-MAN

Die naturwissenschaftliche Idee hinter Spider-Man ist sehr interessant. Ich mag ihn, hätte mich aber definitiv NICHT nach einem Krabbeltier benannt. Und diese Netze hätte ich auch anders hergestellt, aber ich finde ziemlich cool, wie er das gemacht hat. Muss irgendein Kunststoff sein. Mir sind schon mehrere Spider-Typen begegnet, aber ich habe keine Ahnung, wie viele es eigentlich gibt.

- Wie bekam Spider-Man Superkräfte?
- Woher kriegt Spider-Man seine Netze?
- Welche von Spider-Mans Technologien gibt es wirklich?
- Könnten Menschen wie Spider-Man an Wänden hochkrabbeln?
- Wodurch kann der Bösewicht Geier fliegen?

Spider-Man: SUPERKRÄFTE

Durch den Biss einer radioaktiven Spinne bekam Peter Parker erstaunliche Spinnen-Kräfte. Nachdem er es nicht schaffte, seinen geliebten Onkel Ben vor einem tödlichen Raubüberfall zu retten, schwor Peter, seine Kräfte im Kampf gegen das Verbrechen einzusetzen. Sein Motto: „Aus großer Kraft folgt große Verantwortung."
Aber was genau sind seine Kräfte, und könnten sie auch in unserer realen Welt existieren? Und was sind die Unterschiede zwischen den Kräften von Peter Parker und Miles Morales?

SPINNEN-KRÄFTE

Peter Parker und Miles Morales haben ihre Superkräfte beide dem Biss einer radioaktiven Spinne zu verdanken. Peter besuchte als Schüler ein Forschungslabor, als eine durch Strahlung veränderte Spinne ihn biss und dadurch seine DNA für immer beeinflusste. Miles wurde von einer anderen Spinne gebissen, die diesmal genetisch verändert war.

IN DER REALEN WELT

Fast alle Spinnen können Gift produzieren, aber nur von zwölf Spinnenarten ist bekannt, dass sie Menschen beißen. Spinnenbisse kommen sehr selten vor, da die meisten Spinnen nicht aggressiv sind. Die meisten Bisse jucken oder tun nur ein bisschen weh. Die tödlichste Spinne der Erde ist die Sydney-Trichternetzspinne (*Atrax robustus*), die in Australien lebt. Ohne medizinische Hilfe ist der Biss dieser Spinne in nur 15 Minuten tödlich!

GESCHWINDIGKEIT

Die schnellste Spinnenart rennt etwa 1,5 Kilometer pro Stunde (km/h), was nicht besonders schnell scheint, wenn man bedenkt, dass Olympiasieger Usain Bolt 44 km/h erreichte. Berücksichtigt man jedoch, dass ein Mensch mehr als 140-mal so groß ist wie eine Spinne, dann würde eine menschengroße Spinne im Verhältnis etwa 210 km/h rennen!

SPINNEN-SINN

Eine von Spider-Mans nützlichsten Superkräften ist ein *Spinnen-Sinn*, der ihn vor Gefahren warnt und ihm im Kampf gegen Schurken einen riesigen Vorteil verschafft. So merkte Spider-Man zum Beispiel einmal, dass der Bösewicht Chamäleon sich getarnt hatte, weil sein Spinnen-Sinn anschlug.

IN DER REALEN WELT

Die Beine von echten Spinnen sind mit winzigen Härchen namens *Trichobothria* bedeckt. Mit diesen Härchen können Spinnen kleinste Veränderungen in der Luft spüren und sind so vor Feinden gewarnt. Spidey könnte auch viele kleine Härchen haben, die wir nicht sehen. Allerdings würde das nicht erklären, wieso er schon spürt, wenn jemand nur daran denkt, ihn anzugreifen.

WANDKRABBELN

Spider-Man kann Wände hochkrabbeln und bleibt an fast jeder Oberfläche haften. Diese Superkraft hat er schon oft eingesetzt, um die Geheimverstecke von Verbrechern zu erreichen – oder um J. Jonah Jameson Streiche zu spielen!

IN DER REALEN WELT

Spinnen und Geckos können durch besondere Borsten an den Füßen (*Setae* genannt) Wände hochklettern. Wissenschaftler haben diese kräftigen Haare mit Polstern aus Silikonen, Kunststoffen und Kohlenstoffnanoröhren nachgebaut.
Werden die Polster an Händen und Knien befestigt, können Menschen fast an jeder Oberfläche hochklettern – genau wie Spider-Man.

SUPERSTARK!

Spider-Man hat im Verhältnis so viel Kraft wie eine Spinne, nur in Menschengröße. Das bedeutet je nach Spinnenart, dass er einen Doppeldecker-Bus hochheben könnte. Das ist 25-mal mehr, als der beste olympische Gewichtheber schafft!

VENOM-BLAST

Miles Morales hat viele der Superkräfte, die Peter Parker auch hat, aber er besitzt auch ein paar ganz eigene. Der Venom-Blast ist ein kräftiger Elektrostoß, der aus seinen Händen schießt und mit dem er Schurken wie Venom effektiv bekämpfen kann.

IN DER REALEN WELT

Einige Lebewesen wie Zitteraale können Elektrizität speichern und diese dann ausstoßen, wenn sie sich bedroht fühlen. Der stärkste bisher gemessene Elektroschock von einem Aal lag bei 650 Volt – fast dreimal so stark wie der Strom, der aus einer Steckdose kommt. Autsch!

Spider-Man: SUPERAUSRÜSTUNG

Peter Parker ist nicht nur ein mutiger und extrem starker Superheld, sondern auch ein genialer Erfinder. Er war in der Schule in den naturwissenschaftlichen Fächern immer spitze und konnte sein Wissen schon oft nutzen, um seine Gegner zu besiegen.

SPINNENNETZE

Als Peter Parker zu Spider-Man wurde, erfand er ein Material, das Spinnenfäden kopiert. Spider-Mans Netze sind stark, können in flüssiger Form in Patronen an seinem Gürtel aufbewahrt werden und lösen sich eine Stunde nach Gebrauch auf. Mit dieser genialen Erfindung kann Spidey sich durch New York schwingen, Verbrecher fesseln und manchmal sogar seine Klamotten ersetzen, wenn diese reißen oder verloren gehen!

IN DER REALEN WELT

Die Seide echter Spinnen ist unglaublich stark und hält mehr aus als die Kunstfaser Kevlar. An der Universität Cambridge in Großbritannien wurden künstliche Spinnenfasern entwickelt, die stärker als Stahl sind. Außerdem sind sie umweltfreundlich, weil sie aus einem Material namens Hydrogel gemacht sind, das zu 98 Prozent aus Wasser besteht. Momentan können nur kleine Mengen dieser künstlichen Spinnenseide produziert werden. Es wird also noch eine Weile dauern, bevor jemand sich daran durch Manhattan schwingt.

DAS KLASSISCHE SPIDER-MAN-KOSTÜM

Spider-Mans Anzug ist so genial, dass er den Superhelden seit mehr als 60 Jahren begleitet. Das Kostüm sitzt wie eine zweite Haut und bietet trotzdem jede Freiheit, sich zu bewegen. Und es bedeckt Gesicht und Körper, wodurch Peter seine Identität geheim halten kann.

IN DER REALEN WELT

Sportler und Sportlerinnen tragen oft eng anliegende Shorts oder Anzüge, die dem von Spidey ähneln. Diese Kleidung ist nicht nur bequem, sondern kann auch die Leistung verbessern. Sie bietet dem Wind kaum Widerstand, was bedeutet, dass Athletinnen und Athleten aerodynamischer sind. Kompression durch Kleidung steigert außerdem die Muskelkraft und -erholung.

SPINNEN-TRACKER

Wenn Spider-Man flüchtige Verbrecher orten will, verwendet er einen sogenannten Spinnen-Tracker – ein kleines, spinnenförmiges, elektronisches Gerät zur Ortung.
Der Sender wurde zuerst in *Amazing Spider-Man #11* erwähnt und war damals seiner Zeit weit voraus.

IN DER REALEN WELT

GPS, was für Global Positioning System steht, verwendet Satelliten, die um die Erde kreisen, um die Position und Geschwindigkeit von Geräten zu berechnen, die mit dieser Technologie ausgestattet sind. Heutzutage haben fast alle Smartphones GPS. Wenn du online nach dem Weg suchst oder in den sozialen Medien einen Ort markierst, verwendest du mit GPS eine Art Trackingsystem. Mit dieser Technologie kannst du, wenn die Funktion aktiviert ist, auch herausfinden, wo Freunde oder Familienmitglieder sich gerade aufhalten.

HORIZON LABS

Peter Parker arbeitete eine Zeit lang bei Horizon Labs, einer Firma, die neue Technologien entwickelt. In dieser erfand er Dinge für Spider-Man, die auch in in anderen Bereichen genutzt wurden. Die Technologie für die kugelsichere Spider-Rüstung wurde zum Beispiel auch für einen speziellen Motorradhelm verwendet, und Spider-Mans Tarnanzug war die Grundlage für geräuschreduzierende Kopfhörer.

SPIDER-RÜSTUNG

Spider-Man trug bei seinen Kämpfen gegen das Verbrechen schon viele verschiedene Rüstungen. Die erste war kugelsicher, machte ihn aber schwerer und langsamer. Sie wurde schließlich im Kampf gegen die New Enforcers durch einen Kältestrahl von Superschurke Thermite zerstört.

IN DER REALEN WELT

1965 erfand ein Wissenschaftler ein Material namens Kevlar, das leicht, beständig gegen Hitze und extrem widerstandsfähig ist. Manche Arten von Kevlar können sogar Gewehrkugeln abhalten. Kevlar und ähnliche Materialien werden inzwischen zum Beispiel von Soldaten zum Schutz verwendet. Es gibt auch Ganzkörperanzüge aus Kevlar, diese sind aber nicht gegen alle Waffen wirksam.

Spider-Man: FEINDE

Spider-Man hat wahrscheinlich mehr Feinde als jeder andere Superheld – eine große Auswahl an interessanten Bösewichten, die alle nur eins wollen: ihn vernichten. Doch auch, wenn sie sich zusammentun, können sie den Wandkrabbler nicht besiegen!

DOCTOR OCTOPUS

Bei einem tragischen Unfall wurde der Körper von Dr. Otto Octavius mit Roboterarmen verschmolzen, die allmählich die Kontrolle über sein Gehirn übernahmen und ihn zum Verbrecher machten. Die Arme, die er mit seinen Gedanken steuert, bestehen aus einer superstarken Titan-Stahl-Legierung, lassen sich 7 Meter (m) ausfahren und können auch dann telepathisch kontrolliert werden, wenn sie nicht mit Dr. Octavius verbunden sind.

IN DER REALEN WELT

Künstliche Körperteile (Prothesen) gibt es schon sehr lange. Es wurde zum Beispiel eine 3000 Jahre alte ägyptische Mumie mit einer Zeh-Prothese aus Holz und Leder entdeckt! Heute arbeitet die Wissenschaft schon daran, Arm-Prothesen mit den Nervenbahnen, Muskeln und dem Skelett der Benutzer zu verbinden. Anhand dieser großartigen Technologie können Menschen den Tastsinn durch fühlende elektronische Gliedmaßen wiedererlangen.

DER GEIER

Adrian Toomes, bekannt als der Geier (oder Vulture), setzt seine Fähigkeit zu fliegen ein, um Verbrechen zu begehen. Er besitzt einen elektromagnetischen Fluganzug. *Elektromagnetismus* entsteht, wenn Strom zum Beispiel durch einen Draht fließt und so einen unsichtbaren Magneten bildet. Es gibt noch keine Technologie, die Elektromagnetismus zum Fliegen einsetzt, aber Forschungen haben gezeigt, dass die Flügel einiger Schmetterlinge Wellen aussenden, die sich innerhalb des elektromagnetischen Bereichs befinden. Nach der ersten Begegnung mit dem Geier entwickelte Spider-Man einen Anti-Magnet-Umkehrer, um den Anzug des Geiers außer Kraft zu setzen.

ELECTRO

Superschurke Max Dillon erhielt seine Kräfte, als er während der Arbeit an einer Stromleitung vom Blitz getroffen wurde. Seitdem ist er als Electro ist ein mächtiger menschlicher Kondensator. Das bedeutet, er kann Elektrizität speichern und sich dann mit gewaltigen Stromstößen wieder entladen.

IN DER REALEN WELT

Hast du beim Berühren von Metall oder einer anderen Person schon mal einen kleinen Stromschlag bekommen? Das geschieht durch *Reibungselektrizität*, wobei schwacher elektrischer Strom von deinem Körper zum Objekt wandert, das du berührst. Alles besteht aus Atomen. Diese enthalten kleinere Teilchen namens Elektronen, die in der Atomhülle herumschwirren, aber auch ausbrechen können. Wenn zwei Objekte sich berühren, können Elektronen sich von einem Objekt zum anderen bewegen. Kommt es dabei zu einer elektrischen Unausgeglichenheit, kann Reibungselektrizität entstehen.

DIE ECHSE

Die Echse (oder Lizard) ist einer der tragischeren Schurken in Spider-Mans Welt. Der Wissenschaftler Dr. Curtis Connors war davon besessen, eine Methode zu finden, um seinen im Krieg verlorenen Arm zu ersetzen. Er spritzte sich eine Flüssigkeit mit Reptilien-DNA, wodurch sein Arm nachwuchs, er sich aber zeitweise in eine bösartige, gewalttätige Echse verwandelte. Die Echse ist einer von Spideys brutalsten Feinden und taucht immer wieder auf.

IN DER REALEN WELT

Bei manchen Reptilien wächst der Schwanz nach, wenn dieser abgeschnitten wird. Kleine Reptilien wie Echsen, Geckos und Leguane können ihre Schwänze bei Gefahr zur Selbstverteidigung abwerfen. Der Schwanz hat eine Schwachstelle, an der er brechen kann, wenn das Tier gefangen ist und fliehen will. Er wächst zwar nach, hat dann aber nicht genau dieselbe Knochenstruktur wie der ursprüngliche Schwanz.

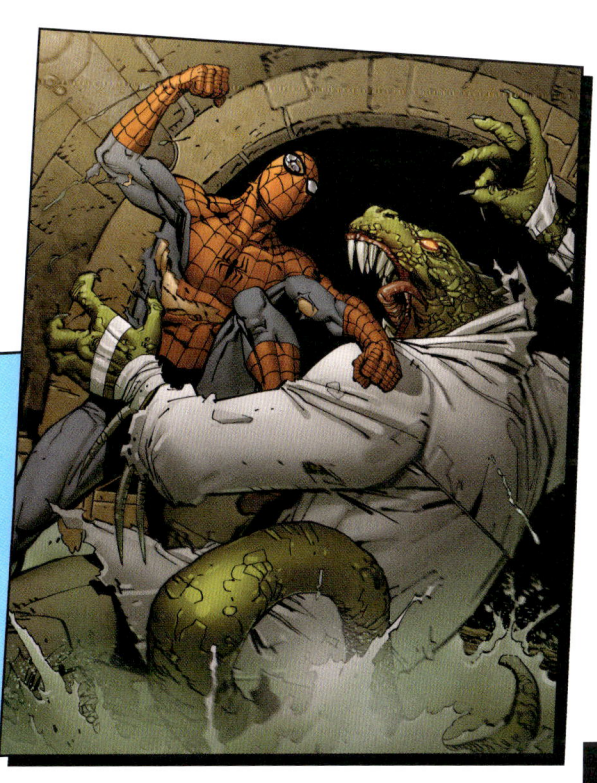

Spider-Man: FEINDE

DER GRÜNE KOBOLD

Mehrere Schurken waren schon der Grüne Kobold (oder Green Goblin). Der bekannteste ist der Unternehmer Norman Osborn, der Vater von Harry Osborn. Mit Harry Osborn wohnte Peter Parker am College zusammen. In ihrem ersten Kampf attackierte der Grüne Kobold Spidey mit Bomben in Kürbisform, während er auf einem speziellen Turbo-Besen ritt, den er später durch einen Gleiter ersetzte.

IN DER REALEN WELT

Jahrzehnte nachdem der Grüne Kobold im Comic *Amazing Spider-Man #17* seinen fliegenden Kobold-Gleiter präsentierte, ist die Technologie der echten Welt auch so weit. Einem Erfinder gelang es, das Hoverboard zu entwickeln, mit dem ein Mensch mithilfe von extrem schnell drehenden Rotoren über der Erde schweben kann. Dieselbe Technologie steckt auch in kleinen Drohnen. Solche beeindruckenden Schwebebretter wurden sogar schon in New York gesichtet – der Heimat des Grünen Kobolds!

MYSTERIO

Quentin Beck ist als Mysterio ein Meister der Illusionskunst, der seine Fähigkeiten einsetzt, um Verbrechen zu begehen. Er hat keine übermenschlichen Kräfte und greift stattdessen auf Illusionen, Tricks und sogar Hypnose zurück.
In *Amazing Spider-Man #67* gelang es ihm tatsächlich, Spider-Man einzureden, dieser sei auf die Größe einer Spinne geschrumpft! Mysterios Tricks benötigen ausgefeilte Pläne und Spezialeffekte, aber keine Superkräfte – sie könnten also alle auch in der realen Welt funktionieren.

RHINO

Nichts dringt durch die Haut von Aleksei Sytsevich, einem nicht besonders schlauen russischen Gangster, der durch ein Experiment eine superharte, kugelsichere Hülle um den Körper sowie übermenschliche Stärke erhielt. Manchmal überschätzt er als Rhino seine Kraft jedoch: Nachdem er gegen den Hulk gekämpft hatte, fiel Rhino ins Koma. Zweimal.

IN DER REALEN WELT

Der Wissenschaft ist es vermutlich gelungen, durch die Kombination von menschlichen Hautzellen und Spinnenseide eine Art kugelsicherer Haut zu entwickeln. In ersten Experimenten konnte diese Haut wohl tatsächlich eine Kugel aufhalten. Doch die Superhaut befindet sich in einem Frühstadium: Noch hat kein Mensch sie je getragen.

VENOM

Eddie Brocks Kräfte als Venom stammen von einem außerirdischen *Symbionten*. Das ist ein Lebewesen, das sich mit einem anderen Organismus verbindet. Der Symbiont kam zuerst als Spider-Man-Anzug auf die Erde. Als Spider-Man sich von diesem Anzug trennte, nahm der Symbiont ihm das übel und ging auf Eddie über. Der Venom-Anzug kann Größe, Form und Farbe verändern und verleiht Eddie Superkraft, -schnelligkeit und -reflexe. Doch der Symbionten-Anzug hat seinen eigenen Willen und kann sich auch mit anderen Organismen verbinden.

IN DER REALEN WELT

Einige Flüssigkeiten können sich, ähnlich wie der Venom-Anzug, auf eine Art und Weise ausbreiten, die die Schwerkraft zu besiegen scheint. *Ferrofluide* bestehen zum Beispiel aus winzigen, magnetischen Eisenstückchen, die in einer Flüssigkeit eingebettet sind. Sie sehen aus wie schwarzer Schleim und können mit Magneten bewegt werden. Dabei ähneln sie dem Venom-Symbionten.

Spider-Man: VERBÜNDETE

Spider-Man hat sich im Kampf gegen das Verbrechen schon mit vielen anderen Superhelden und Superheldinnen zusammengetan. Mit einigen ist er sogar gut befreundet.

DAREDEVIL

Als Kind verlor Matt Murdoch bei einem Unfall seine Sehkraft, doch seine anderen Sinne sind seitdem übermenschlich geschärft. Darüber hinaus hat er einen *Radar-Sinn*, mit dem er Umrisse und Formen wahrnimmt, und ist ein hervorragender Nahkämpfer. Als Superheld Daredevil beschützt er den New Yorker Stadtteil Hell's Kitchen.

IN DER REALEN WELT

Daredevils Radar-Sinn ähnelt dem Echolot, das Fledermäuse einsetzen. Die Fledermaus sendet ein Geräusch aus und wartet dann, bis der Schall an einem Objekt abprallt und ein zurückkommendes Echo entsteht. Anhand dieses Echos kann das Tier Größe und Standort des Objekts abschätzen. Menschenohren empfangen weniger. Wenn Schallwellen auf die menschliche Ohrtrommel treffen, lösen sie Nervensignale aus, die zum Gehirn geschickt und als Geräusch interpretiert werden. Wenn unser Gehör schärfer wäre, könnte unser Gehirn theoretisch viel mehr Geräusche deuten.

SCHWARZE KATZE

Felicia Hardy alias Schwarze Katze (oder Black Cat) war ursprünglich eine geschickte Einbrecherin und gehörte zu Spider-Mans Feinden. Doch die beiden verliebten sich und waren für kurze Zeit ein Paar. Als sie zum ersten Mal in *Amazing Spider-Man #194* auftauchte, hatte die Schwarze Katze noch keine Superkräfte, doch später erbat sie diese von Kingpin, um mit Spider-Man mithalten zu können. Sie bildete ein Pech-Feld aus: Alle, die sie seitdem angreifen, werden sofort vom Pech verfolgt – ihre Gewehre klemmen, sie stolpern über ihre Schnürsenkel und Ähnliches.

IN DER REALEN WELT

Es gibt viel Aberglauben um Glück und Pech im Zusammenhang mit schwarzen Katzen. In einigen Teilen von Schottland und Wales gelten schwarze Katzen als positive Zeichen, die Reichtum bringen. Doch in anderen Kulturen wie unserer werden schwarze Katzen traditionell mit Hexen und Unglück in Verbindung gebracht. In Wirklichkeit lässt sich das Glück natürlich nicht beeinflussen – sonst könnte man ja jede Woche im Lotto gewinnen!

BEN REILLY

Es ist nicht einfach, Spider-Man zu sein – aber noch schwerer lebt es sich als sein Klon. Ben Reilly ist ein vom Schakal erschaffene Kopie von Peter Parker. Er hat alle von Peters Kräften und Erinnerungen.
Lange Zeit glaubte Ben, dass er das Original und Peter der Klon sei. Es war sehr schwer für ihn, sich damit abzufinden, dass er nicht der ursprüngliche Spider-Man ist.

IN DER REALEN WELT

Menschen wurden noch nicht geklont, aber andere Tiere schon. 1996 klonten Forschende in Schottland ein Schaf namens Dolly, und 2018 wurden in China zwei Javaneraffen geklont. Es ist theoretisch möglich, ein menschliches Embryo zu klonen, aber es gibt keinen wissenschaftlichen Nachweis, dass jemals ein Mensch geklont wurde. Außerdem ist es gesetzlich nicht erlaubt und unethisch, weil es anderen Menschen schaden kann. Deshalb wird es geklonte Menschen in absehbarer Zeit nicht geben.

SPIDER-WOMAN

Jessica Drew war als Kind Experimenten und radioaktiver Strahlung ausgesetzt, die Spinnen-DNA enthielt.
Sie entwickelte daraufhin Spinnen-Kräfte, darunter übermenschliche Kraft, Schnelligkeit, Ausdauer, Beweglichkeit und Reflexe. Als Spider-Woman kann sie aus ihren Händen Stromstöße schießen, die sie Venom-Blasts nennt. Außerdem ist sie immun gegen Strahlung und die meisten Gifte.

IN DER REALEN WELT

In der Wissenschaft wird schon seit Jahren daran geforscht, die DNA (auf Deutsch DNS: Abkürzung für Desoxyribonukleinsäure) zu entschlüsseln. Die DNA ist der Code oder Bauplan, nach dem der Körper sich entwickelt. Diesen Code zu verändern, nennt man Genome Editing oder Genomchirurgie. Ein Genom ist die vollständige genetische Information einer Körperzelle. Forschende hoffen, durch Genomchirurgie Krankheiten zu verhindern.

DIE AVENGERS

Die Avengers arbeiten mit erstaunlichen Technologien, scheinen diese aber hauptsächlich dafür zu nutzen, Dinge in die Luft zu sprengen. Totale Verschwendung! Sie kämpfen ständig gegen Aliens, Zeitreisende, Monster oder so was. Black Panther macht aber einen total netten Eindruck. Ich bin ihm zwar noch nie persönlich begegnet, aber ich war schon in Wakanda, und Shuri hat mir einige der Labore dort gezeigt. Notiz für die Zukunft: Sie mögen es nicht, wenn man einen riesigen, roten Dinosaurier mit nach Wakanda bringt. Auch nicht, wenn der geklont ist. Lange Geschichte …

- Wann entwickelte Iron Man seine erste Rüstung?
- Wie teuer ist jede Iron-Man-Rüstung?
- Welche Superkräfte hat Captain America?
- Wie stark wäre Hulk in unserer Welt?
- Gibt es Vibranium wirklich?
- Was ist das Quantenreich?
- Welche Künstlichen Intelligenzen aus dem Marvel-Universum gibt es wirklich?

Iron Man: RÜSTUNGEN

Genie. Superheld. Vorbild. Das sind alles Begriffe, mit denen Tony Stark sich selbst beschreibt. Nur Bescheidenheit gehört nicht gerade zu seinen Stärken. Tony ist Iron Man, der Avenger, der in einer einmaligen Rüstung voller innovativer Technologie steckt. Es gibt kein Problem, für das Tony keine Lösung findet.

MODEL 1

Als Tony Stark verletzt und von Terroristen gefangen genommen wurde, erschuf er seine erste Roboter-Rüstung. Sie hielt ihn am Leben, indem sie sein Herz weiterschlagen ließ, nachdem ein Granatsplitter in seine Brust eingedrungen war. Der Metallanzug war außerdem kugelsicher und verlieh Tony übermenschliche Kraft. Tony konnte mithilfe der Rüstung entkommen, aber sein Mitgefangener Ho Yinsen, der die Rüstung mitentwickelt hatte, starb bei der Flucht. Diese erste Rüstung war noch ziemlich einfach, doch Tony hat das Modell seitdem ständig verbessert.

IN DER REALEN WELT

Das beste Metall für eine Iron-Man-Rüstung wäre nicht Eisen, sondern ein weniger dichtes, dafür aber stärkeres Material wie zum Beispiel Titan, das Kugeln und Bomben standhalten könnte. Mehrere Ingenieure und Ingenieurinnen haben bereits superstarke motorisierte, roboterhafte *Exoskelette* (Stützen) entwickelt, die auf Baustellen eingesetzt werden, um schwere Geräte oder Baustoffe zu heben.

REPULSOR-STRAHLEN

Eine von Tony Starks größten Erfindungen ist die Repulsor-Technologie, die seine Rüstung antreibt und mit der er aus seinen Handgelenken gewaltige Energiestrahlen abfeuern kann. Die Repulsor-Strahlen haben mehrere Stärkegrade: Ein leichter Strahl kann Feinde betäuben, und ein starker Strahl zerschneidet Beton. Darüber hinaus helfen sie Iron Man dabei, sich beim Fliegen zu stabilisieren.

IN DER REALEN WELT

Ein Erfinder hat einen an den Handgelenken befestigten Laser gebaut, der mit zwei AA-Batterien betrieben wird. Dieser Laser ist zwar nicht ganz so stark wie Iron Mans Repulsoren, aber er kann ein Streichholz anzünden und Ballons durchschneiden!

FLUGKRAFT

Nachdem er mit seiner ersten Iron-Man-Rüstung in die USA zurückgekehrt war, fügte Tony Stark der Rüstung schon bald Jet Boots hinzu, mit denen er fliegen und sehr hoch springen kann. Mit neuen Ausstattungen der Rüstung wurde Tony im Laufe der Zeit immer schneller – und erreicht inzwischen mehrfache Lichtgeschwindigkeit, das ist viel schneller als ein Kampfjet! Nach jahrelanger Übung kann Tony eine Iron-Man-Rüstung perfekt fliegen. Er ist ein absoluter Spitzenpilot.

IN DER REALEN WELT

Der Geschwindigkeits-Weltrekord für einen körpergesteuerten Anzug mit Jet-Antrieb wurde 2017 aufgestellt und liegt bei unfassbaren 1.368 km/h. Der Anzug wird von fünf Mikrojets angetrieben – zwei an jedem Arm und einer am Rücken – und erreicht eine maximale Flughöhe von 3.658 m. Einziger Nachteil: Weil der Anzug unglaublich viel Energie verbraucht, kann man mit ihm nur drei oder vier Minuten lang fliegen.

KOSTEN

Wie viel würde es kosten, eine Iron-Man-Rüstung zu bauen und zu betreiben? Geld ist für den reichen Tony Stark zwar kein Thema, aber das Ganze ist nicht gerade günstig. Einige Male hat Tony behauptet, dass bestimmte Rüstungen bis zu vier Milliarden Dollar gekostet haben – nur ist er nicht immer die zuverlässigste Quelle. Für einen echten Fluganzug musst du nur ungefähr 450.000 Dollar bezahlen, allerdings ohne Rüstung, Repulsoren und eingebauten Computer …

Iron Man: RÜSTUNGEN

HULKBUSTER

Tony Stark hofft immer das Beste, rechnet aber mit dem Schlimmsten. Deshalb baute er eine Rüstung, die sogar seinen Freund Bruce Banner (Hulk) außer Gefecht setzen konnte. Die Hulkbuster-Rüstung konnte an seine bestehende Rüstung gekoppelt werden und machte diese stärker und robuster.
Er hatte damit eine Kraft von 175 Tonnen, so viel wie der Hauptantrieb der Apollo 11, dem ersten Raumschiff, das auf dem Mond landete. Bei seinem ersten Einsatz konnte der Hulkbuster dem Hulk einige ordentliche Schläge verpassen, doch die beiden Superhelden beruhigten sich schließlich und wurden wieder Freunde.

IN DER REALEN WELT
Motorisierte Exoskelette sind anziehbare Maschinen, die einem Menschen durch Motoren und Hydraulik mehr Kraft und Ausdauer verleihen können. Auch das stärkste Exoskelett könnte wahrscheinlich nicht Hulk besiegen, aber sie sind kräftig genug, um einen Menschen wie Bruce Banner hochzuheben.

TARNRÜSTUNG

Diese Rüstung wurde entwickelt, damit Iron Man sich unbemerkt an bestimmte Orte schleichen kann. Sie ist mit einem Material beschichtet, das Radar- und Schallsignale aufsaugt und blockiert. Zum ersten Mal wurde sie bei einer Rettungsmission in der DDR eingesetzt, um Tonys damalige Freundin Bethany Cabe zu befreien. Tony wusste, dass es diplomatische Probleme geben würde, wenn man ihn erwischte. Deshalb benutzte er die Tarnrüstung (Stealth Armour), um sich unbemerkt auf streng bewachtes Gelände zu schleichen.

IN DER REALEN WELT
In den USA wurde ein *Metamaterial* entwickelt, das einen Gegenstand vor Radarmeldern verbirgt. Die 2,4 Millimeter (mm) dicke Schicht besteht aus Reihen winziger Ringe, die Elektrizität speichern. Sie kann Radarwellen unterschiedlicher Frequenzen einfangen und unterdrücken, was dazu führt, dass das Objekt für Radarwarnanlagen unsichtbar ist.

WELTRAUMRÜSTUNG

Tony Stark war eine Zeit lang ein Mitglied der Guardians of the Galaxy und brauchte einen Anzug, mit dem er im Weltraum kämpfen konnte. Der Weltraumanzug MK 5 erlaubt es Tony, im All zu atmen, bietet ihm aber auch alle seine üblichen Waffen wie Raketenwerfer und Repulsor-Strahlen. Der Anzug kann mit Überlichtgeschwindigkeit fliegen und Tony von einem Planeten zum anderen bringen.

IN DER REALEN WELT

Seit die Menschheit den Weltraum erkundet, verwenden Astronauten und Astronautinnen Raumanzüge, um im All zu überleben. Den ersten Raumanzug trug 1961 der sowjetische Kosmonaut Juri Gagarin. Der Anzug hatte die Bezeichnung SK-1 und basierte auf einem Tauchanzug, war aber mit einer zusätzlichen Außenschicht aus Nylon ausgestattet. In einen Ärmel war ein Spiegel eingenäht, mit dem Gagarin schwer zugängliche Schalter und Messinstrumente sehen konnte. Heutige Raumanzüge sind technisch viel weiter und verwenden fortschrittliche Technologien, um zum Beispiel auch die Gesundheitswerte der Weltraumreisenden zu kontrollieren.

BLEEDING EDGE

Die Bleeding-Edge-Rüstung ist so fortschrittlich, dass sie in Tony Starks Körper passt. Sie besteht aus winzigen *Nanomaschinen*, die Tony mit Gedanken so steuern kann, dass sie sich in alles verwandeln, was er will: Waffen, Schilde oder einfach nur neue Klamotten. Die Nanomaschinen reparieren sich selbst und werden von Repulsor-Technologie angetrieben, die an Iron Mans Brust angebracht ist. Diese Rüstung ist unglaublich superstark und nur durch Tonys Fantasie begrenzt.

IN DER REALEN WELT

Nanorobotik ist eine wirklich existierende Technologie, die winzige, nur wenige *Nanometer* (ein Milliardstel eines Meters) große Roboter einsetzt. Nanomaschinen werden noch erforscht und entwickelt. Es ist noch ein weiter Weg, bis sie frei erhältlich sind, aber ihr möglicher Nutzen auf vielen Gebieten ist unglaublich groß. So könnte zum Beispiel in der Medizin eine winzige Maschine Körperteile erreichen, an die man derzeit nur schwer oder mit großem Risiko gelangt. Noch kleinere Maschinen in der Größe von Molekülen könnten im Körper gezielt Medikamente verabreichen, Lebensfunktionen überprüfen und durch die Zerstörung von befallenen Zellen sogar Krankheiten bekämpfen.

Iron Man: ERFINDUNGEN

Die Iron-Man-Rüstung ist Tony Starks bekannteste Erfindung, aber bei Weitem nicht seine einzige. Von beeindruckenden Gebäuden bis zu Raumstationen: Tony denkt sich ständig faszinierende Dinge mit neuester Stark-Technologie aus.

STARK TOWER

Das 93 Stockwerke hohe Gebäude mitten in Manhattan ist ein glitzernder Beweis moderner Architektur. Die obersten drei Stockwerke sollten eigentlich Tonys Wohnung sein, werden aber stattdessen von den Avengers genutzt. Der Tower steckt voller fantastischer Technologie und kann Tony und die Avengers bei ihren Missionen unterstützen. Spider-Man gefiel der Turm so sehr, dass er mit Mary Jane dort einzog!

IN DER REALEN WELT

Gebäude werden immer intelligenter! So hat ein norwegisches Architekturbüro vor Kurzem ein Gebäude mit positiver Energiebilanz entworfen – es erzeugt also mehr Energie, als es verbraucht. Eine Technologie namens Photovoltaik wandelt das Licht, das auf das Gebäude trifft, in Energie um, und zwar so gut, dass sogar Extra-Energie entsteht, die ins Stromhauptnetz einer Stadt geleitet werden kann.

STARK SPACE STATION

Tony Stark reichte es nicht, die besten Erfindungen auf der Erde gemacht zu haben, deshalb macht er im All weiter. Die Stark Space Station ist eine Wissenschafts-Raumstation mit allerneuester Technologie, die 37.000 Kilometer (km) über der Erde kreist. Sie wurde mehrmals angegriffen und einmal sogar vom Technovore zerstört, einem Parasiten aus Nanorobotern, die Technologie aufsaugen können. Die Station wurde danach aber wieder aufgebaut.

IN DER REALEN WELT

Die Internationale Raumstation (ISS) befindet sich derzeit auf einer Umlaufbahn etwa 400 km über der Erde. Sie dient auch als Forschungslabor, wo Experimente in der Schwerelosigkeit durchgeführt werden. Die ISS hat keinen reichen Geldgeber wie Tony Stark, sondern ist ein Gemeinschaftsprojekt von Raumfahrtbehörden aus den USA, Russland, Japan, Europa und Kanada.
Die ISS ist modular, was bedeutet, dass einzelne Baueinheiten hinzugefügt oder entfernt werden können. Mit Gesamtkosten von mehr als 150 Milliarden Dollar ist sie das teuerste Einzelobjekt, das jemals gebaut wurde.

DAS ESCAPE-PROJEKT

eScape war eine von Stark Unlimited erschaffene virtuelle Welt, in der Menschen und Künstliche Intelligenzen (KIs) digital miteinander in Kontakt treten konnten. Sie wurde von einer KI namens Motherboard kontrolliert, die schließlich versuchte, Tony in einer virtuellen Welt einzusperren.

IN DER REALEN WELT

Heutzutage kann man Geräte mit Virtual Reality (VR) überall kaufen. VR wird nicht nur in Videospielen, sondern auch bei der Ausbildung zum Beispiel in den Bereichen Medizin, Raumfahrt und Flugsicherung sowie für wissenschaftliche Experimente eingesetzt. Es gibt sogar VR-Achterbahnen, bei denen die Menschen VR-Headsets tragen, während sie auf dem sich bewegenden Fahrgeschäft sitzen.

FLIEGENDE AUTOS

Tony Stark besitzt mehrere fliegende Autos. Eines davon ist eine Version der Hulkbuster-Rüstung, die sich in ein Flugauto verwandeln kann. Es gibt in der realen Welt fliegende Autos, aber die meisten brauchen Flügel oder Rotoren, und leider verwandelt sich keines in eine Rüstung, die gegen einen Superschurken mit Hulk-Kräften antreten könnte.

Die Avengers: CAPTAIN AMERICA

Mehrere Helden haben bereits die Identität von Captain America angenommen. Der Captain ist mehr als eine einzelne Person: Er ist ein Symbol für Recht und Freiheit. Steve Rogers war in den dunklen Zeiten des Zweiten Weltkriegs der erste Captain America. Seitdem haben weitere Helden wie Bucky und Sam Wilson den berühmten Schild getragen.

SUPER-SOLDATEN-SERUM

Im Zweiten Weltkrieg entwickelte Dr. Abraham Erskine ein Super-Soldaten-Serum. Diese Flüssigkeit konnte menschliche Kräfte extrem steigern. Steve Rogers, dem das Serum zuerst verabreicht wurde, bekam dadurch übermenschliche Stärke, Ausdauer und Geschwindigkeit. Außerdem konnte er sich selbst heilen. Kurz danach wurde Dr. Erskine jedoch erschossen, und das Serum konnte nie mehr hergestellt werden.

IN DER REALEN WELT

Im US-Bundesstaat Ohio forschen Menschen an verschiedenen Behandlungsmethoden, um Muskelmasse und Kraft zu steigern. Dies könnte Menschen mit degenerativen Muskelerkrankungen helfen, deren Muskeln sich immer mehr zurückbilden. Eine Methode blockiert die Gene, die das Muskelwachstum stoppen. Die Behandlung dauert sechs Wochen – also viel länger als die paar Sekunden, in denen Steve Rogers zum Super-Soldaten wurde.

SAM WILSONS FLÜGEL

Die ersten Flügel, die Sam Wilson benutzte, waren von Black Panther entworfen worden und bestanden aus leichtem Titan. Mit solarbetriebenen Powerjets unter den Flügeln und in den Stiefeln erreichte Sam Geschwindigkeiten bis zu 400 km/h. Die Flügel wurden weiterentwickelt und können nun auch Kugeln und andere Waffen abwehren.

DER ARM DES WINTER SOLDIER

James Buchanan *Bucky* Barnes war Steve Rogers' bester Freund, bevor er gefangen genommen und durch Gehirnwäsche zu einer Killermaschine wurde. Doch es gelang ihm, sich gegen seine Programmierung zu wehren. Er übernahm sogar kurzzeitig den Job von Captain America, als Steve Rogers für tot gehalten wurde. Buckys linker Arm ist eine kybernetische Prothese, die ihm Superstärke und -geschwindigkeit verleiht. Sie funktioniert sogar, wenn sie nicht an seinem Körper befestigt ist!

IN DER REALEN WELT

Mit elektrisch betriebenen Anzügen mit Flügeln, zu denen eine leichte Batterie und zwei Propeller gehören, können Gleitflieger ihre Flugbahn fast so gut kontrollieren wie Sam Wilson. Derzeit müssen sie dabei aber noch aus einem Hubschrauber springen, weil man mit dem Anzug nicht von der Erde abheben kann. Das klingt ganz schön gefährlich!

CAPTAIN AMERICAS SCHILD

Der Schild des Captains in Rot, Weiß und Blau ist legendär und steht für Freiheit. Er besteht aus einer leichten Vibranium-Legierung, ist praktisch unzerstörbar und kehrt fast immer zu Captain America zurück, wenn er geschleudert wird. Der Schild ist außerdem kugelsicher und passt perfekt auf Captain Americas Rücken, wenn er gerade nicht im Einsatz ist.

IN DER REALEN WELT

Es ist möglich, einen Schild herzustellen, der den meisten Einschlägen standhalten kann. Und es ist möglich, einen leichten Schild zu bauen, der von Dingen abprallt und zum Werfen zurückkehrt. Doch bisher ist es noch nicht gelungen, diese beiden Eigenschaften zu kombinieren.

Die Avengers: HULK

Bei einer Explosion wurde Dr. Bruce Banner durch Gammastrahlen in ein mächtiges, grünes Wesen verwandelt. Hulk hat als Superheld schon unterschiedliche Formen angenommen, aber er bleibt immer eines der stärksten Lebewesen des Marvel-Universums.

GAMMASTRAHLUNG

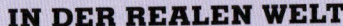

Dr. Bruce Banner wollte Rick Jones vor einer Atomexplosion retten und warf sich schützend vor ihn. Die Gammastrahlung, die Bruce dadurch abbekam, veränderte seine genetische Struktur. Wenn er wütend wird, verwandelt er sich seitdem in den rasenden, superstarken Hulk. Die Gammastrahlen, die Hulk befeuern, werden in seinem Körper gespeichert.

IN DER REALEN WELT

Gammastrahlen werden wirklich durch Atomexplosionen freigesetzt, aber sie verwandeln niemanden in einen Hulk. Gammastrahlung ist sehr gefährlich: Innerhalb kurzer Zeit schädigt sie Knochenmark und Organe und kann tödlich sein. Atomkraftwerke achten deshalb sehr auf Sicherheit, um zu verhindern, dass Strahlung austritt. Die meisten Menschen werden niemals einer so hohen Menge an Strahlen ausgesetzt sein, dass sie davon gesundheitliche Schäden erleiden könnten.

HULKS WUT

Hulk wird durch große Wut angetrieben. Wie er selbst sagt: „Je wütender Hulk wird, desto stärker wird Hulk!" Hulk kann also unendlich stark werden, je nachdem wie groß seine Wut ist. Ein Schlag von ihm kann Erdbeben auslösen, Asteroiden zerstören und ganze Planeten zertrümmern!

IN DER REALEN WELT

Man wird wirklich stärker, wenn man wütend ist. Studien haben gezeigt, dass unsere Körperkraft um bis zu 20 Prozent zunehmen kann, wenn wir starke Wut fühlen. Der Grund: Das Herz schlägt dann schneller, wodurch mehr Sauerstoff im Körper kreist und man sich besser konzentrieren kann. Eine amerikanische Studie zeigte, dass Footballspieler den Ball härter und weiter werfen konnten, wenn sie wütend waren.

WELTENBRECHER

Könntest du einen Planeten mit nur einem Schlag auslöschen? Hulk bekam den Spitznamen *Weltenbrecher* wegen der ungeheuren Kraft, die er heraufbeschwören kann. Normalerweise setzt Hulk nicht seine volle Kraft ein, aber bei einem Kampf in einer anderen Dimension zerstörte er einmal mit einem Schlag einen ganzen Planeten.

SHE-HULK

Jennifer Walters bekam von ihrem Cousin Bruce Banner eine Bluttransfusion. Sein Blut mit den Gammastrahlen verwandelte sie in die superstarke She-Hulk. Sie ist zwar nicht ganz so stark wie ihr Cousin, dafür kann sie ihre Verwandlung aber viel besser kontrollieren als Bruce Banner.

IN DER REALEN WELT

Hulk ist zwar ganz schön groß, aber im Vergleich zu einem Planeten doch recht klein. Und seine Kraft würde durch seine Faust übertragen werden müssen. Sogar wenn diese Faust so dicht wie ein Schwarzes Loch wäre und sich mit Lichtgeschwindigkeit bewegen würde, wäre sie wahrscheinlich nicht stark genug, einen ganzen Planeten zu zerstören. Der Asteroid, der die Dinosaurier auf der Erde auslöschte, hatte die Stärke von 10 Milliarden Atombomben und beschädigte nur die Oberfläche der Erde.

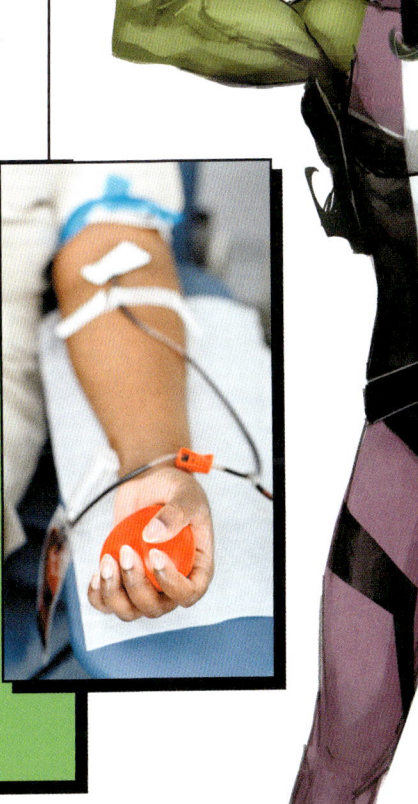

IN DER REALEN WELT

Die Strahlenkrankheit wird normalerweise nicht durch Bluttransfusionen von Mensch zu Mensch übertragen, sondern – im Gegenteil – dadurch geheilt. Bakterien, Viren und Parasiten können aber sehr wohl durch Bluttransfusionen übertragen werden. Es ist also denkbar, dass auch eine Superkraft auf diese Weise von einer Person zur anderen gelangt. Jennifer und Bruce sind Cousin und Cousine, was bedeutet, dass sie genetische Übereinstimmungen haben. Vielleicht ist das Hulk-Sein also vererbbar!

Die Avengers: BLACK PANTHER

T'Challa ist der König des gut versteckten afrikanischen Staates Wakanda. Als Black Panther beschützt er die dort lebenden Menschen. Wakanda ist eines der technisch fortschrittlichsten Länder der Welt. Mit dem Element Vibranium können die Menschen dort unglaubliche Dinge herstellen.

VIBRANIUM

Das Element Vibranium hat Eigenschaften, die kein anderes Element auf der Erde hat: Es nimmt Energie aus Vibrationen oder Bewegungen auf. Das bedeutet, dass Dinge aus Vibranium so stabil sind, dass sie auch unglaubliche Schläge aushalten. Weil der Anzug von Black Panther aus Vibranium besteht, ist er beeindruckend stark. Und kann außerdem die aufgenommene Energie speichern und auf Befehl abgeben.

IN DER REALEN WELT

Es gibt auf unserer Welt nichts, was genau wie Vibranium ist. Etwas, was Vibranium am nächsten kommt, ist Graphen. Das ist eine der dünnsten Substanzen, die je hergestellt wurden. Graphen ist eine einzelne Schicht aus Kohlenstoffatomen in einem Wabenmuster. Es ist sehr beweglich und 150-mal stärker als Stahl. Im Moment kann man Graphen nicht zu einem Anzug wie dem von Black Panther formen, aber wenn noch mehr daran geforscht wird, könnte es in Zukunft möglich sein.

DER METEORIT

Der gesamte Vibranium-Vorrat von Wakanda stammt von einem Meteoriten, der vor Tausenden von Jahren auf der Erde einschlug. Die Menschen in Wakanda bauen Vibranium schon seit Jahrhunderten ab, doch der Vibranium-Berg (Mena Ngai) hat immer noch genug Vorrat. Er ist ein wichtiges Wahrzeichen des Landes und oft ein Ziel für Schurken wie Doctor Doom, der die Quelle der wakandischen Stärke stehlen will.

IN DER REALEN WELT

Vor Hundertausenden Jahren fiel wirklich ein Meteorit über Afrika auf die Erde. Der massive Gibeon-Meteorit, der in Namibia aufprallte, bestand aus einer Eisen-Nickel-Legierung, die auch Kobalt und Phosphor enthielt – aber leider kein Vibranium. Von den dort lebenden Menschen wurden daraus Werkzeuge, Waffen und Schmuck hergestellt.

DAS VERSTECKTE WAKANDA

Wakanda versteckte sich vor den Nachbarländern. So blieb der technische Fortschritt des Landes der Außenwelt jahrelang verborgen. T'Challas Vater T'Chaka erkannte jedoch, dass die Welt sich veränderte. Um sein Land zu beschützen, schickte er heimlich junge Menschen aus Wakanda zum Studieren ins Ausland, die ihm nach ihrer Rückkehr berichteten.

IN DER REALEN WELT

Ein ganzes Land zu verstecken und seinen technischen Fortschritt zu verbergen, wäre sehr schwer.
Alle Menschen dürften niemandem etwas über das Land verraten oder das Land nie verlassen. Man könnte auch ein gigantisches Hologramm einsetzen, das ein Land umschließt und etwas anderes Dreidimensionales zur Ablenkung zeigt. Das größte holografische Display der Welt ist jedoch nur 20 m lang und 5 m breit. Um ein ganzes Land zu verbergen, bräuchte man ein wesentlich größeres. Und dann könnte noch immer jemand hindurchlaufen!

KIMOYO-PERLEN

Diese Perlen gehören zu der gängigsten Technologie in Wakanda. Alle Menschen dort tragen Armbänder aus den Kimoyo-Perlen, wobei jede Perle eine andere Funktion hat. So speichert zum Beispiel eine Perle medizinische Informationen, eine andere dient der holografischen Kommunikation, wieder andere werden zum Selbstschutz, zur Ortung oder zur Kontrolle von Fahrzeugen eingesetzt. Wakanda ist sehr stolz auf die Perlen, die allerdings nur innerhalb des Landes funktionieren.

IN DER REALEN WELT

Smartwatches, die bestimmte Gesundheitsfunktionen überwachen, zur Kommunikation benutzt werden und Daten speichern, gibt es natürlich schon. Aber sie sind nicht so weit entwickelt wie die Technologie von Wakanda. Kimoyo-Perlen nutzen 3D-Hologramme und virtuelle Welten auf eine Weise, die uns weit voraus ist.

Die Avengers: ANT-MAN

Hank Pym, erster Ant-Man und Mitbegründer der Avengers, entdeckte die Pym-Partikel, die Lebewesen innerhalb von Sekunden größer oder kleiner werden lassen können. Jahre später übernahm der Wissenschaftler und ehemalige Kriminelle Scott Lang mit Hanks Erlaubnis die Rolle von Ant-Man.

PYM-PARTIKEL

Hank Pym entdeckte die Pym-Partikel, mit denen er sich auf Ameisengröße schrumpfte. Die Partikel verschieben Masse in die sogenannte Kosmos-Dimension, wodurch Ant-Man schrumpfen kann, wann immer er will. Obwohl er dann viel kleiner ist, behält Ant-Man sein ursprüngliches Gewicht und seine Kraft, was bedeutet, dass er ziemlich hart zuschlagen kann!

IN DER REALEN WELT

Ein winziger Hank Pym hätte in der realen Welt viele Probleme: Er wäre zu klein, um richtig zu atmen, und seine DNA würde beim Schrumpfen kaputtgehen. Hanks Lungen und Stimmbänder würden ebenfalls schrumpfen, sodass man ihn entweder gar nicht hören könnte oder seine Stimme total hoch und piepsig wäre!

MIT AMEISEN SPRECHEN

Bei seiner ersten Anwendung der Pym-Partikel steckte Hank Pym in einem Ameisenhügel fest und bat eine freundliche Ameise um Hilfe. Er entwickelte daraufhin einen Helm, um mit Ameisen zu sprechen und sie zu kontrollieren, was ihm seitdem bei seinen Superhelden-Einsätzen einen großen Vorteil verschafft.

IN DER REALEN WELT

Es ist möglich, die Gehirnwellen von Menschen zu lesen! Ein *Elektroenzephalografischer Helm* (EEG-Helm genannt) funktioniert in etwa so wie Ant-Mans Helm. Mit Ameisen zu sprechen, ist ein bisschen schwieriger, aber wir wissen, dass Ameisen mithilfe von chemischen Prozessen untereinander kommunizieren. Der Helm könnte also Ant-Mans Gehirnwellen lesen und diese dann in die entsprechenden Chemikalien verwandeln.

DAS QUANTENREICH

Wenn Ant-Man unter eine gewisse Größe schrumpft, betritt er das Quantenreich (Quantum Realm) und hat es nun mit der *Quantenphysik* zu tun, auf der alle anderen Formen der Physik beruhen. Die Wissenschaft versucht immer noch herauszufinden, wie die verschiedenen Elemente der Quantenphysik genau funktionieren. Dass Ant-Man ins Quantenreich vordringt, ist also theoretisch möglich.

GIANT MAN

Scott Lang und Hank Pym verwenden Pym-Partikel nicht nur zum Schrumpfen, sondern sie können damit auch riesengroß werden. Als Hank Pym zum ersten Mal zu den Avengers stieß, nannte er sich Giant Man, um neben Superhelden wie Thor, Captain America und Hulk zu bestehen. Hank und Scott waren für kurze Zeit schon mehr als 30 m groß – größer als ein zehnstöckiges Gebäude.

IN DER REALEN WELT

Der größte Mann der Welt war Robert Wadlow mit 2,72 m. Er war als *sanfter Riese* bekannt und starb 1940 mit nur 22 Jahren. Mit acht Jahren war er bereits größer als sein Vater und brauchte in der Schule ein Spezialpult.

Die Avengers: VISION, ULTRON & KI

Künstliche Intelligenz (KI) ist die Fähigkeit von Computern und Maschinen, menschliches Denken nachzuahmen und aus Erfahrungen zu lernen. Im Marvel-Universum gibt es viele verschiedene Künstliche Intelligenzen, von Helden wie Vision bis zu Schurken wie Ultron, die Planeten zerstören.

ULTRON

Hank Pym erschuf Ultron, indem er eine auf seinen eigenen Gehirnwellen basierende KI in einen superstarken Roboterkörper einbaute. Ultron rebellierte schon bald gegen seinen Erschaffer und wurde zu einem Avengers-Feind der Extraklasse. Er ist unglaublich intelligent und stark und hat besondere Freude daran, seine Feinde um den Finger zu wickeln.

> **IN DER REALEN WELT**
> Künstliche Intelligenz findet sich überall um uns herum: Wenn Streaming-Dienste uns TV-Serien empfehlen oder Suchmaschinen ihre Ergebnisse sortieren, steckt KI dahinter. Das heißt nicht, dass die KIs Persönlichkeiten haben und versuchen werden, die Welt zu beherrschen. Sie können aber lernen und sich anpassen. KI wird in Robotern für alle möglichen Dinge eingesetzt, zum Beispiel in der Produktherstellung, ärztlichen Versorgung und bei Forschungen. Bisher wurde noch kein Roboter böse und hat sich gegen die Menschen gewendet.

FRIDAY

Anstatt eine Assistentin einzustellen, beschloss Tony Stark, sich einfach eine zu bauen. Er programmierte eine KI, die er Friday nannte, um ihm bei der Kontrolle seiner immer komplizierter werdenden Rüstung zu helfen und manchmal sogar, um diese zu fliegen.

> **IN DER REALEN WELT**
> Viele verschiedene Fahrzeuge enthalten KI, die auf unterschiedlichste Art und Weise eingesetzt wird. Einige Unternehmen arbeiten derzeit an selbstfahrenden Autos, die mithilfe von Sensoren Muster im Verkehr und auf den Straßen erlernen. Es gibt verschiedene Stufen von selbstfahrenden Autos, aber auch die fortschrittlichsten brauchen momentan noch einen Menschen im Fahrersitz, um wichtige Entscheidungen zu treffen, obwohl das Auto fast von selbst fährt.

VISION

Vision ist eine KI der zweiten Generation. Er wurde von dem KI-Schurken Ultron erschaffen, um die Avengers anzugreifen. Vision konnte sich aber von seiner bösen Programmierung befreien und wurde zu einem Helden und Avenger. Er kann die Dichte seines Körpers verändern: Manchmal ist er so leicht, dass er durch Wände hindurchgehen kann, und manchmal so schwer, dass er Beton zermalmt.

IN DER REALEN WELT

KIs, die selbst andere KIs erschaffen können, gibt es bereits. Sie werden für sehr spezifische Dinge eingesetzt. Wenn die Haupt-KI zum Beispiel ein Programm schreiben will, das verschiedene Objekte erkennt, dann programmiert sie zuerst eine Unter-KI, die diese Aufgabe übernimmt, und macht dann selbst etwas anderes. Die nächste Generation von superintelligenten Maschinen wird aus Maschinen bestehen, die von anderen Maschinen konstruiert wurden.

AVENGERS-KI

Die Avengers nahmen die Bedrohung durch KI so ernst, dass sie die *Avengers Artificial Intelligence Squad* ins Leben riefen. Dieses Team bestand aus Menschen und KIs, die zusammenarbeiteten, um Schurken-KIs auszuschalten und einen Krieg zwischen Mensch und KI zu verhindern. Zum Team gehörten Hank Pym, Victor Mancha, S.H.I.E.L.D.-Agentin Monica Chang und ein umprogrammierter Doombot.

IN DER REALEN WELT

Menschen und KIs haben unterschiedliche Stärken, und in vielen Unternehmen gibt es inzwischen Systeme, bei denen Menschen und KIs zusammenarbeiten. Menschen haben kreative und soziale Fähigkeiten, die Maschinen fehlen. Maschinen hingegen können unglaublich viele Prozesse gleichzeitig und sehr schnell verarbeiten.

Die Avengers: GEBÄUDE

Wenn man in so viele Kämpfe verwickelt ist wie die Avengers, wechselt man häufig sein Hauptquartier. Die Avengers brauchen Standorte, die technisch auf dem neuesten Standard sind und gleichzeitig ihren Mitgliedern und der Außenwelt Schutz bieten.

AVENGERS TOWER
Tony Stark hat bereits mehrere Wolkenkratzer in New York bauen lassen. Das oberste Stockwerk seines Gebäudes am Columbus Circle stellte er den Avengers zur Verfügung. Das Hochhaus war mit Stark-Technologie voll automatisiert und gewährleistete, dass die Avengers in Sicherheit und gut versorgt waren.

IN DER REALEN WELT
Gebäude, die von Computern gesteuert werden – also mit einem *Gebäudeautomationssystem* –, bezeichnet man auch als intelligente Gebäude oder *Smart Homes*. Diese Systeme verwenden Sensoren, um die Funktionen des Gebäudes, darunter Heizung, Licht, Belüftung und Sicherheit, zu kontrollieren. Das System kann alles, was im Gebäude vorgeht, überwachen und verändern.

AVENGERS MOUNTAIN

Die Avengers haben am Nordpol ein voll ausgestattetes Hauptquartier im ausgehöhlten Körper eines toten Celestials. T'Challa wohnt in der Krone des Celestials, während Tony Stark weiter unten im Kopf eine Wohnung und eine Schmiede besitzt. Aufgrund der eisigen Temperaturen am Nordpol braucht diese Basisstation viel Energie: Die Energiezufuhr kommt deshalb direkt aus dem heißen Erdkern.

IN DER REALEN WELT

Basisstationen werden am Nordpol schon seit vielen Jahren gebaut. Die erste Eisstation errichteten sowjetische Forschende 1937. Das Eis ist jedoch ständig in Bewegung: Innerhalb eines Jahres hatte sich die Station um bis zu 2.500 km verschoben! Aus diesem Grund werden nur noch schwimmende Stationen errichtet, die mit den Eisschollen ziehen und normalerweise nur zwei bis drei Jahre halten.

AVENGERS-VILLA

Die ursprünglich von Tonys Vater Howard Stark erbaute Villa an der 5th Avenue mitten in New York diente dem Team jahrelang als Hauptquartier. Hier lebten und trainierten die Avengers. Die Villa wurde mehrfach zerstört, aber immer wieder aufgebaut.

IN DER REALEN WELT

Die Avengers-Villa liegt in der Nähe des Central Park in New York. Eine Wohnung in dieser Gegend würde mehr als 100 Millionen Dollar kosten. Tony Stark war also sehr großzügig!

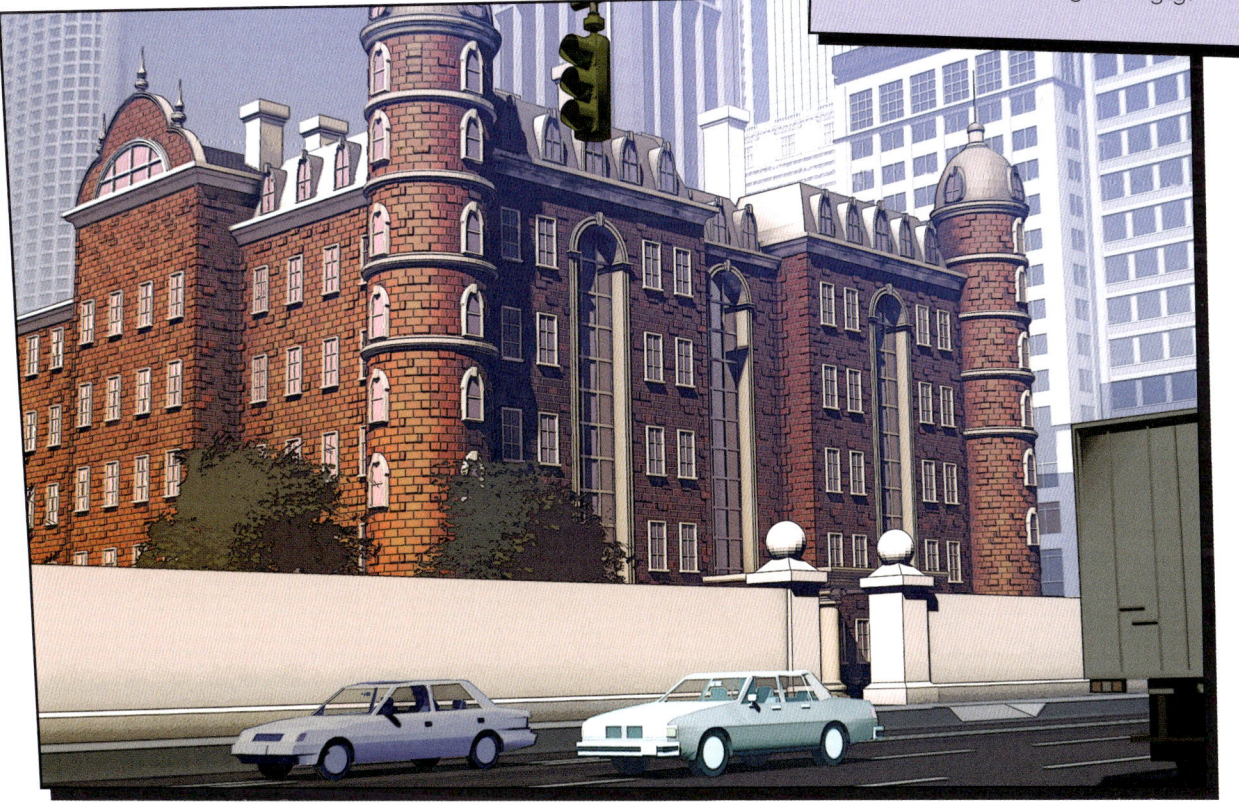

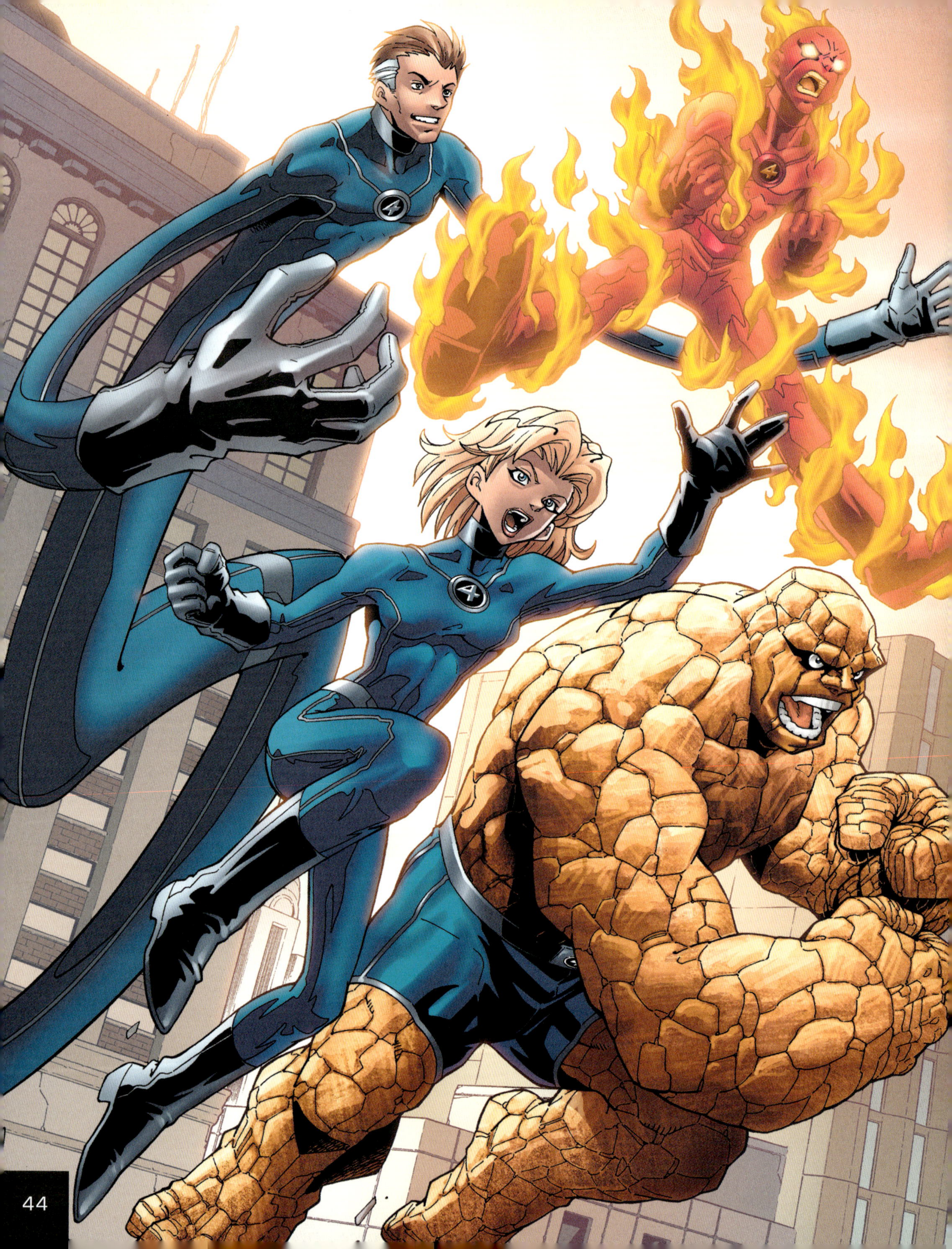

DIE FANTASTIC FOUR

Mister Fantastisch Reed Richards mag sich für den klügsten Menschen auf Erden halten, aber ich bin definitiv schlauer als er. Allerdings hat er ein paar wirklich interessante Technologien. Ich würde liebend gerne etwas Zeit im Baxter-Gebäude verbringen, wo er seine Erfindungen aufbewahrt. Wie toll muss es sein, ein ganzes Stockwerk zu haben, wo man nach Lust und Laune erfinden kann, was einem gefällt?

- Wie weit kann Reed Richards seinen Körper strecken?
- Was macht Sue Storm so mächtig?
- Wie heiß ist die Menschliche Fackel?
- Ist das Ding aus Stein?
- Gibt es die Negative Zone wirklich?
- Was ist die wichtigste Erfindung von Reed Richards?

Die Fantastic Four: SUPERKRÄFTE

Die Fantastic Four bekamen ihre Superkräfte, als Reed Richards sie auf eine Weltraummission führte, wo sie durch kosmische Strahlung für immer verändert wurden. Das heldenhafte Team sucht Abenteuer, macht Entdeckungen und hat die Welt schon unzählige Male gerettet.

REED RICHARDS: MISTER FANTASTISCH

Reed Richards ist einer der größten Wissenschaftler der Welt, und sein Körper ist so elastisch wie sein geniales Gehirn. Nachdem er kosmischer Strahlung ausgesetzt war, hatte er plötzlich die Fähigkeit, seinen Körper auf Hunderte Meter Länge zu strecken.

IN DER REALEN WELT

Der Weltrekord für die elastischste Haut wurde 1999 von Gary Turner aufgestellt, der die Haut seiner Bauchdecke 15,8 Zentimeter (cm) lang ziehen konnte. Und mit der Haut unter seinem Kinn konnte er komplett seinen Unterkiefer bedecken.

KÖNNTEST DU DICH STRECKEN WIE MISTER FANTASTISCH?

Die Größe deines Körpers verändert sich tatsächlich im Laufe eines Tages, aber nur sehr wenig. Morgens nach dem Aufwachen bist du am größten, und am Ende des Tages könntest du bis zu 1 cm kleiner sein. Doch das bedeutet nicht, dass du geschrumpft bist: Im Laufe des Tages lastet die Erdschwerkraft auf dir und drückt die Bandscheiben in deiner Wirbelsäule leicht zusammen. Dadurch wirst du ein bisschen kleiner.

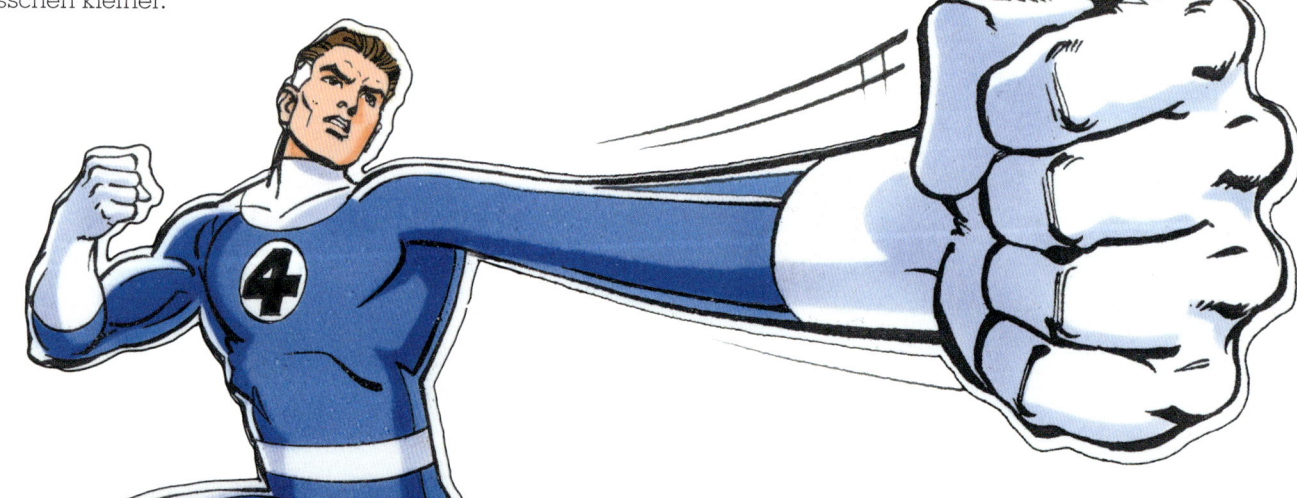

SUE STORM: DIE UNSICHTBARE

Susan Storm ist die vielleicht Mächtigste der Fantastic Four. Sie kann sich unsichtbar machen und allein durch ihren Willen Waffen und unsichtbare Kraftfelder erzeugen.

IN DER REALEN WELT

Eine US-amerikanische Firma hat tatsächlich ein Material entwickelt, das Menschen unsichtbar machen könnte! Dabei wird das Licht durch ein sehr dünnes Material gebrochen, sodass man nicht sieht, was dahinter ist. Die Erfindung ist noch nicht ausgereift und funktioniert momentan eher wie ein Umhang, aber die Firma arbeitet schon an einem Unsichtbarkeitsanzug.

KOSMISCHE STRAHLUNG

Kosmische Strahlen gibt es wirklich, aber wir wissen nicht allzu viel darüber. Es handelt sich um atomare Teile, die sich fast mit Lichtgeschwindigkeit (1,08 Milliarden km/h) durchs All bewegen. Auf der Erde sind wir vor den meisten kosmischen Strahlen durch ein Magnetfeld geschützt. Menschen, die in Flugzeugen arbeiten oder ins All fliegen, werden zwar stärker davon getroffen, aber bisher hat noch niemand davon Superkräfte bekommen!

Die Fantastic Four: SUPERKRÄFTE

Ben Grimm und Johnny Storm sind bei den Fantastic Four meist ein Herz und eine Seele. Doch wie in jeder Familie gibt zwischen den beiden auch manchmal Streit!

JOHNNY STORM: DIE MENSCHLICHE FACKEL

Johnny Storm ist in vielfacher Hinsicht ein Hitzkopf. Der kleine Bruder von Sue Storm nahm an Reed Richards' unheilvoller Weltraummission teil. Kosmische Strahlung verlieh Johnny die Fähigkeit, seinen Körper mit Flammen zu bedecken, ohne dass er dabei Schmerzen verspürt. Außerdem kann er jedes Feuer in seiner Nähe kontrollieren. Wenn Johnny seine höchste Temperatur erreicht, ist er so heiß wie die Oberfläche der Sonne!

IN DER REALEN WELT

Kein Tier kann aus seinem Körper heraus Feuer selbst erzeugen, aber einige haben gelernt, mit den Auswirkungen von Feuer umzugehen. Der australische Ameisenigel kann Buschbrände überleben, indem er sich zu einer Kugel zusammenrollt und in eine Art Winterschlaf verfällt. So kann er tagelang ohne Nahrung ausharren, bis der Brand abgeklungen ist und der Rauch sich verzogen hat.

FEUER!

Könntest du feuerfest werden? Menschen, die mit Feuer arbeiten, zum Beispiel bei der Feuerwehr, tragen hitzebeständige Kleidung, aber feuerfest ist sie nicht. Sie verringert die Gefahr von Verbrennungen, weil sie aus Stoffen hergestellt ist, die Flammen löschen können. Flammfeste Baumwolle ist in den meisten Haushalten zu finden – zum Beispiel in Ofenhandschuhen!

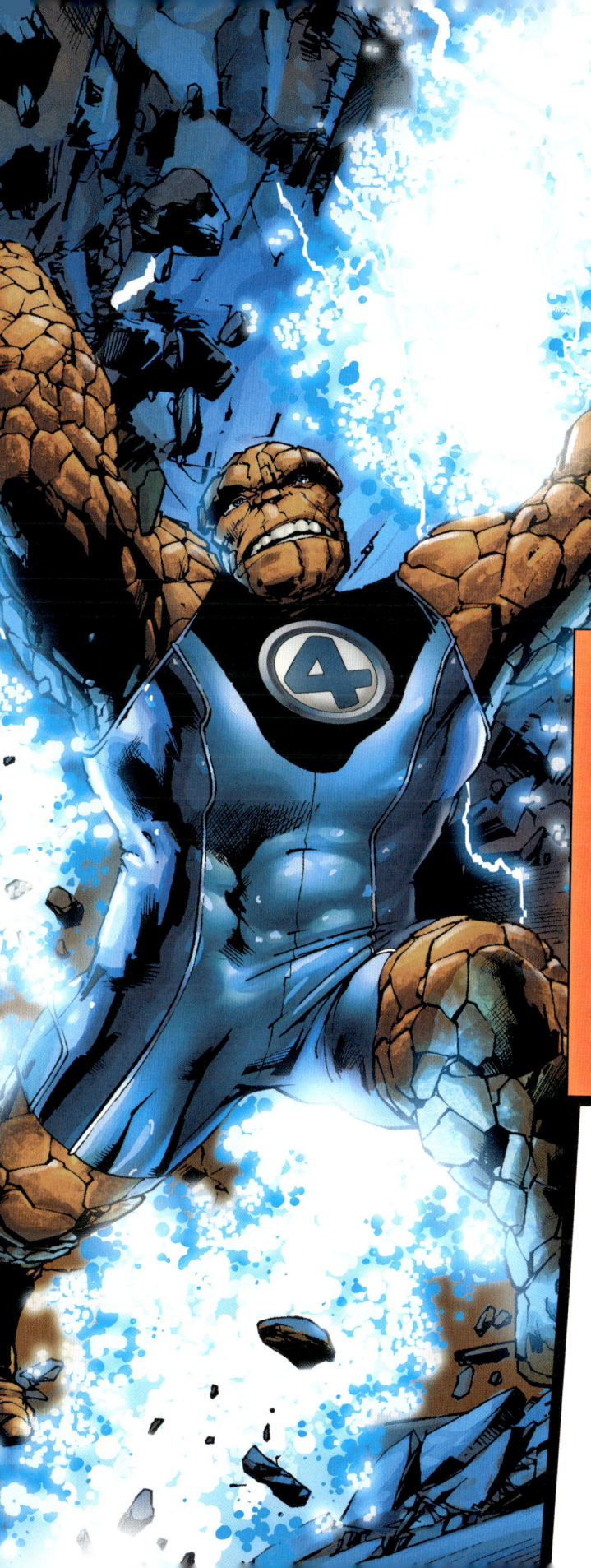

BEN GRIMM: DAS DING

Reed Richards' bester Freund wurde durch die kosmische Strahlung am stärksten verändert. Ben bekam eine Haut aus lebendigem Gestein und ist nun eines der stärksten und festesten Lebewesen auf der Erde. Ben sieht sich selbst oft nur als das superstarke Kraftpaket des Teams, aber dank seiner Willensstärke, Ausdauer und Herzenswärme ist er viel mehr als das.

IN DER REALEN WELT

Heutzutage würde man eine Rüstung nicht aus Gestein machen, weil dieses zwar hart und stark ist, aber auch leicht zerbrechen kann. Beim Grab des ersten Kaisers von China aus dem dritten Jahrhundert v. Chr. fand man allerdings eine Steinrüstung. Sie bestand aus rechteckigen Steinen, die miteinander zu einer schweren Rüstung verbunden waren. Das sieht zwar cool aus, war in der Schlacht aber nicht sehr praktisch. Deshalb vermuten Historiker, dass die Rüstung nur für Zeremonien gedacht war.

Die Fantastic Four: ERFINDUNGEN

Reed Richards ist nicht nur Gründungsmitglied der Fantastic Four, sondern auch einer der genialsten Wissenschaftler der Welt. Ständig arbeitet er an neuen Erfindungen, die der Menschheit helfen sollen, das Team aber auch immer wieder in Schwierigkeiten bringen!

PORTAL ZUR NEGATIVEN ZONE

Reed erschuf ein Portal in ein anderes Universum, die furchterregende Negative Zone, in der der brutale Annihilus herrscht. Die Negative Zone ist ein Antimaterie-Universum. Das bedeutet, dass dort die physikalischen Gesetze – wie zum Beispiel, dass Dinge immer nach unten fallen – anders sind als bei uns.

IN DER REALEN WELT

Antimaterie ist das Gegenteil von normaler Materie: Ihre Teilchen sind wie Spiegelbilder normaler Teilchen und haben dieselbe Masse, aber die gegensätzliche Ladung. Die Wissenschaft glaubt, dass vor dem Urknall Materie und Antimaterie miteinander vermischt waren und dann durch die Explosion getrennt wurden. In unserem Universum gibt es nicht viel Antimaterie. Dass es in einem eigenen Universum existiert, ist also theoretisch möglich.

DAS ERSTE RAUMSCHIFF

Die erste Rakete – Codename Marvel-1 –, mit der die Fantastic Four ins All flogen, war mit einem experimentellen Superantrieb ausgestattet. Reed durfte die Rakete nicht testen. Also überredete er Ben, Johnny und Sue, sich an Bord zu schleichen und ihm dabei zu helfen, die Rakete zu fliegen. Die Schutzschilde von Marvel-1 waren nicht stark genug, weshalb die vier mit kosmischer Strahlung bombardiert wurden, wodurch sie ihre Superkräfte bekamen.

INSTABILE MOLEKÜLE

Einer von Reeds wichtigsten Beiträgen für die Gemeinschaft der Superhelden und Superheldinnen ist die Erschaffung von Instabilen Molekülen. Aus diesen werden die synthetischen Materialien hergestellt, aus denen viele Superanzüge gemacht sind. Die Anzüge kopieren die Eigenschaften der Helden und Heldinnen. So kann Reeds Anzug sich mit ihm strecken, Sues wird unsichtbar und Johnnys geht nicht in Flammen auf.

ECHTE GENIES

Reed Richards ist ein freundlicher und rücksichtsvoller Mann, wird aber manchmal von den komplexen wissenschaftlichen Problemen abgelenkt, über die er nachdenkt.. Wer waren geniale Wissenschaftler und Wissenschaftlerinnen aus unserer Welt?

IN DER REALEN WELT

Der erste Weltraumflug mit einem Menschen an Bord fand am 12. April 1961 statt, als Juri Gagarin ins All abhob. Er umrundete die Erde einmal und kehrte nach 1 Stunde und 48 Minuten zurück. Er stürzte nicht unkontrolliert zur Erde wie die Fantastic Four, weil an seiner Raumkapsel ein Fallschirm befestigt war. Damit landete er neben einer sehr überraschten russischen Bäuerin und ihrer Enkeltochter.

IN DER REALEN WELT

Instabile Moleküle ahmen die Eigenschaften anderer Atome nach. Forschende haben in unserer Welt etwas Ähnliches entdeckt: Superatome sind Atomcluster, die scheinbar ebenfalls die Eigenschaften anderer Elemente nachahmen können. Theoretisch könnte man damit chemische Elemente und magnetisches Material herstellen oder sie in der Elektronik einsetzen.

ALBERT EINSTEIN

Der Begründer der modernen Physik war oft so sehr in Gedanken verloren, dass er nicht auf seine Umwelt achtete. Manche Quellen behaupten, dass er über seinen genialen Theorien sogar seine eigene Telefonnummer vergaß.

ALAN TURING

Das Mathematik-Genie studierte an den Elite-Universitäten Cambridge und Princeton. Im Zweiten Weltkrieg half er, eine Maschine zu erfinden, die den deutschen Enigma-Code knackte, mit dem Nachrichten verschlüsselt wurden. Turing entwarf auch ein Gerät namens Automatic Computing Engine, das von vielen für einen Vorgänger des Computers gehalten wird.

MARIE CURIE

Marie Curie forschte über Radioaktivität und prägte die Vorstellung, die wir heute von Atomen haben. Sie war die erste Frau, die einen Nobelpreis in Naturwissenschaften bekam, und der einzige Mensch, dem zwei Nobelpreise in zwei verschiedenen Bereichen (Physik und Chemie) verliehen wurde. Sie hielt Zusammenarbeit in der Wissenschaft für sehr wichtig und arbeitete gerne mit ihrem Mann Pierre zusammen.

Die Fantastic Four: FEINDE

Die heldenhaften vier müssen ständig die Welt retten, was bedeutet, dass sie es mit einem ganzen Haufen unterschiedlicher Schurken zu tun kriegen. Viele dieser Bösewichte sind genauso mächtig wie die Fantastic Four – und nehmen Niederlagen persönlich!

DOCTOR DOOM

Victor von Doom wuchs auf dem Balkan in Latveria auf, studierte aber in den USA an der Empire State University, wo er Reed Richards kennenlernte. Der geniale Wissenschaftler erschuf eine Maschine, mit der man Zugang zum Reich der Toten hat. Aber die Maschine explodierte und hinterließ Narben in Dooms Gesicht. Doom, der Richards die Schuld für den Unfall gibt, trägt eine Metallrüstung und herrscht mit eiserner Faust über seine Heimat Latveria. Er hat Doombots erschaffen, das sind Roboter-Kopien von ihm selbst, die ihn in bestimmten Situationen ersetzen können.

IN DER REALEN WELT

Momentan wäre es noch nahezu unmöglich, einen Menschen durch einen Roboter zu ersetzen, auch wenn der Roboter verkleidet ist. Obwohl Künstliche Intelligenz (KI) sich rasant weiterentwickelt, ist sie noch nicht in der Lage, menschliches Verhalten vollständig nachzumachen. Der Mathematiker Alan Turing entwickelte den Turing-Test, mit dem man herausfinden kann, ob ein Wesen ein Mensch oder ein KI-gesteuerter Roboter ist. Inzwischen gibt es einige Programme, die diesen Test bestehen.

ANNIHILUS

Als die Fantastic Four die Negative Zone betraten, begegneten sie auch deren Herrscher Annihilus. Die Negative Zone ist ein kalter, dunkler, gnadenloser Ort und Annihilus ein von Angst und Macht besessener Anführer. Mit seinem Kosmischen Kontrollstab kommandiert und kontrolliert er Horden außerirdischer, insektenähnlicher Wesen.

IN DER REALEN WELT

Der Kosmische Kontrollstab arbeitet mit kosmischer Energie. Kosmische Strahlen enthalten Energie in Form der winzigen, subatomaren Teilchen, aus denen sie bestehen. Auf der Erde kommen sie selten vor, ihre Energie könnte aber theoretisch nutzbar gemacht werden.

NAMOR

Namor, der Sohn einer atlantischen Prinzessin und eines menschlichen Kapitäns, ist der Herrscher des Unterwasser-Königreichs Atlantis. Namor war zeitweise ein Verbündeter der Fantastic Four, hat aber auch häufig gegen sie gekämpft, weil Atlantis und die Welt an Land oft unterschiedliche Interessen haben.

IN DER REALEN WELT

Der tiefste Tauchgang eines Menschen mit Tauchgerät betrug 332 m, aber Namor schwimmt bis zum Grund des Atlantischen Ozeans, der durchschnittlich etwa 3.500 m tief ist. Ein Mensch würde sofort vom enormen Druck zerquetscht werden, der dort durch das Wasser herrscht. Doch Namor hat die Stärke von 1000 Männern.

DER MAULWURF

Tief unter der Erde liegt das Reich Subterranea, die Heimat vieler seltsamer Kreaturen. Der Forscher Harvey Elder entdeckte Subterranea, wurde dort zum Herrscher über blinde, menschenähnliche Wesen und nannte sich fortan der Maulwurf. Er schickt regelmäßig riesige Monster los, um die Menschen an der Erdoberfläche anzugreifen, und diese werden dann von den Fantastic Four bekämpft.

IN DER REALEN WELT

Es gibt auf der Welt unterirdische Städte, zum Beispiel liegt unter Peking in China eine Stadt mit einem weitverzweigten Tunnelsystem. Diese Tunnel durchziehen ein Gebiet von 85 km² und wurden als Absicherung gegen einen Atomkrieg mit der Sowjetunion erbaut. In der türkischen Region Kappadokien gibt es eine gigantische, unterirdische Stadt namens Derinkuyu. Als sie erbaut wurde, konnte die Stadt bis zu 20.000 Menschen monatelang beherbergen.

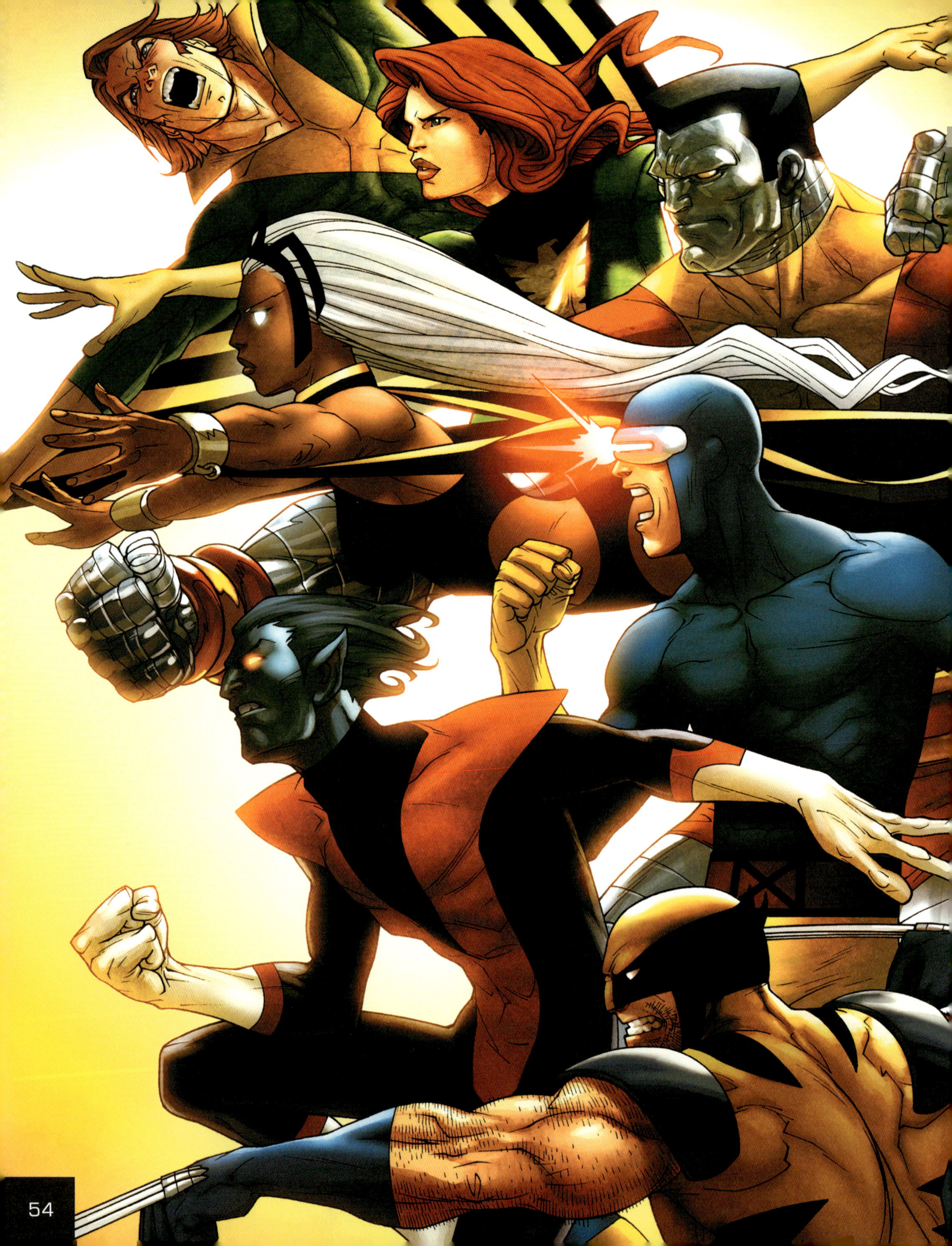

DIE X-MEN

Das Mutanten-Gen der X-Men ist wirklich interessant. So viele unterschiedliche Superkräfte können aus einer winzigen Information entstehen. Mutanten werden *homo superior* genannt und beschreiben sich manchmal als die nächste Stufe der Evolution. Aber was sind dann Menschen wie ich?

- Gibt es die Superkräfte der X-Men wirklich?
- Welche Superkräfte hat Professor X?
- Was passiert, wenn Nightcrawler teleportiert?
- Wie sehen Wolverines Superkräfte in unserer Welt aus?
- Wie bewegt Magneto Metall?
- Wer ist der mächtigste Feind der X-Men?

X-Men: PROFESSOR X & DIE X-MEN

Die X-Men sind Mutanten mit übermenschlichen Fähigkeiten. Sie können fliegen, andere teleportieren oder Dinge allein durch die Kraft ihrer Gedanken bewegen.
Sie gehören zu den mächtigsten Wesen auf dem Planeten!

DAS MUTANTEN-GEN

Die Superkräfte der Mutanten kommen vom X-Gen, das Teil ihrer DNA ist. Ein Mutant zu sein, ist also genetisch vorbestimmt. Das X-Gen löst die Superkräfte der Mutanten aus, wenn diese alt genug sind.

IN DER REALEN WELT

Das *Humangenomprojekt* ist ein internationales Projekt, durch das die Wissenschaft zum ersten Mal die genetischen Informationen, die Menschen ausmachen, lesen und verstehen konnte. In dem Projekt wurde das menschliche Genom entschlüsselt – die Ansammlung von Genen, die als Vorlage des Menschseins beschrieben werden kann. Dadurch können Forschende besser verstehen, was verschiedene Gene tun, und das zum Beispiel in der Medizin nutzen. Wenn es Menschen mit angeborenen Superkräften gäbe, würde man Informationen dazu in ihren Genen finden.

PROFESSOR XAVIER

Charles Xavier war immer davon überzeugt, dass Menschen und Mutanten friedlich zusammenleben können. Er gründete das Xavier-Institut, einen sicheren Hafen für Mutanten, der auch das Zuhause der X-Men ist. Der Professor ist auch selbst ein sehr mächtiger Mutant: Er kann Gedanken beeinflussen, Gegenstände telekinetisch bewegen und die Körper anderer Menschen sogar komplett kontrollieren.

IN DER REALEN WELT

Von den 1970er- bis zu den 1990er-Jahren versuchte die US Army herauszufinden, ob telepathische Fähigkeiten wirklich existieren. Sie untersuchten zum Beispiel das Phänomen der *Fernwahrnehmung*. Das ist die Fähigkeit, versteckte oder weit entfernte Gegenstände nur durch die Kraft der Gedanken zu sehen. Das Programm wurde aber eingestellt, weil niemand beweisen konnte, dass Fernwahrnehmung tatsächlich funktioniert.

CYCLOPS

Scott Summers gehörte zur ersten X-Men-Generation und galt immer als einer ihrer Anführer. Cyclops' Mutanten-Superkraft ist, dass aus seinen Augen Laserstrahlen schießen. Das kann er jedoch nicht kontrollieren und trägt deshalb ein spezielles Visier oder manchmal eine Brille aus Rubinquarz, damit er nicht alles in seiner Sichtweite zerstört.

IN DER REALEN WELT

Forschende haben eine Kontaktlinse hergestellt, die einen Laserstrahl auf alles richtet, was die Person mit der Linse ansieht. Die Linse soll zwar nicht als Waffe, sondern als Laserpointer eingesetzt werden, aber man kann damit tatsächlich Laser aus den Augen schießen!

ANGEL

Warren Worthington III. kommt aus einer reichen Familie. Als ihm plötzlich große Flügel wuchsen, schrieb er sich in Xaviers Institut ein. Später wurden seine gefiederten Flügel durch Flügel aus organischem Metall ersetzt. Mit ihnen kann er hoch über den Menschen schweben.

IN DER REALEN WELT

Es sind nicht nur ihre Flügel, die es Vögeln ermöglichen, zu fliegen. Vögel sind aufgrund ihrer hohlen Knochen extrem leicht, wodurch die Schwerkraft weniger stark auf sie einwirkt. Außerdem haben sie sehr kräftige Muskeln und eine starke Lunge, die so viel Sauerstoff durch den Körper pumpt, dass die Muskeln auch im Flug weiterarbeiten. Angel müsste ebenfalls sehr leicht sein und extrem starke Muskeln haben, um fliegen zu können.

X-Men: DIE X-MEN

Die X-Men haben im Laufe der Jahre gemeinsam ihre Superkräfte ausgebildet und sind inzwischen perfekt aufeinander abgestimmt.

NIGHTCRAWLER

Kurt Wagner ist in der Lage, sich in Sekunden von einem Ort zum anderen zu teleportieren. Er kann dabei auch andere Menschen oder Gegenstände mitnehmen, doch dann ist es für ihn anstrengender. Kurt hat mit Teleportation schon mehrere Tausend Kilometer zurückgelegt, aber um nicht in einem festen Gegenstand zu landen, muss er sein Ziel genau kennen.

IN DER REALEN WELT

Jahrelang dachte die Forschung, dass Teleportation völlig unmöglich sei, doch dann wurde in der Physik die Quanten-Teleportation entdeckt. Dabei wird mit etwas, das **Quantenverschränkung** genannt wird, eine Verbindung zwischen einem Teilchen-Paar gebildet. Sobald die Teilchen miteinander verbunden sind, können Nachrichten zwischen ihnen hin- und hergeschickt werden, auch wenn die Teilchen weit auseinanderliegen: Sie teleportieren die Nachrichten sozusagen. Leider findet diese Teleportation momentan nur in einem sehr kleinen Rahmen statt.

ICEMAN

Bobby Drake ist das jüngste Mitglied der X-Men. Seine Kräfte haben sich durch das Training mit den anderen Mutanten weiterentwickelt. Zuerst konnte er nur Schneebälle machen. Danach lernte er, Wasserdampf in der Luft einzufrieren. Inzwischen kann er Brücken, Panzerungen und sogar Geschosse aus Eis erschaffen. Er kann seinen Körper außerdem in organisches Eis verwandeln und zu allem Möglichen formen.

IN DER REALEN WELT

Die niedrigste bekannte Körpertemperatur, mit der ein Mensch überlebt hat, sind 13,7 °C. Da Wasser bei 0 °C friert, ist es unwahrscheinlich, dass ein Mensch sich zu Eis verwandeln und weiterleben könnte.

STORM

Ororo Munroe, die Tochter einer kenianischen Prinzessin, ist eine Anführerin der X-Men. Sie kann das Wetter beeinflussen und ihre Feinde mithilfe von Blitzen oder Schneestürmen außer Gefecht setzen.

IN DER REALEN WELT

Das Wetter zu beeinflussen, ist möglich, aber extrem schwierig. Die sogenannte Wolkenimpfung ist das bekannteste Verfahren. Dabei fliegt ein Flugzeug oder eine Drohne in eine Wolke und verstreut chemische Substanzen wie Silberjodid, wodurch es regnet oder schneit. Bis vor Kurzem war nicht klar, ob diese Methode wirklich funktioniert, aber in einigen Staaten der USA wurde sie mittlerweile erfolgreich angewandt.

SHADOWCAT

Kitty Pryde war einmal eines der jüngsten Teammitglieder der X-Men, ist aber inzwischen zu einer Anführerin herangereift. Sie kann ihren Körper in Atome aufspalten (Phasing) und so durch feste Objekte gehen.

IN DER REALEN WELT

Der große Magier Harry Houdini führte einen Zaubertrick vor, bei dem er scheinbar durch eine 2,5 m dicke Wand lief. Sein Geheimnis: eine versteckte Falltür unter der Wand, durch die er schlüpfte, als das Publikum gerade woanders hinsah.

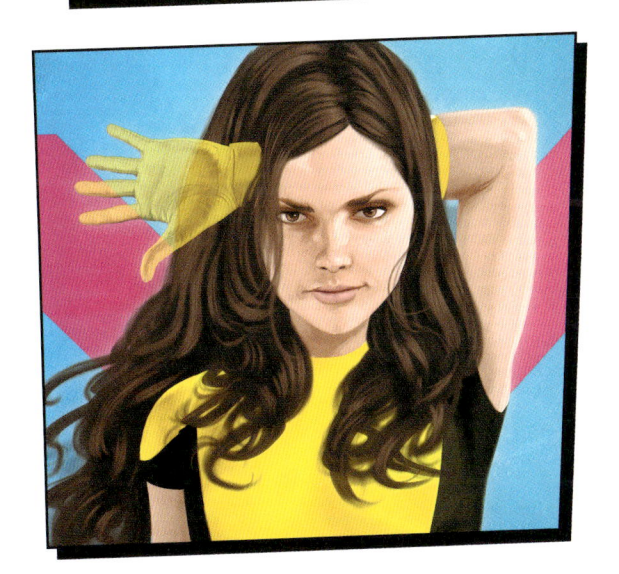

X-Men: WOLVERINE

James Howlett (auch bekannt als Logan) wurde vor mehr als 100 Jahren geboren. Mit seinen messerscharfen, unzerstörbaren Krallen ist der Krieger fast nicht aufzuhalten. Außerdem kann er sich selbst heilen. Er kämpft für das Gute, aber sein Benehmen ist meistens schroff und abweisend.

SELBSTHEILUNGSKRÄFTE

Selbstheilung ist eine von Wolverines Superkräften. Er kann fast jede Verwundung überleben, und auch Gifte aller Art bringen ihn nicht um. Wolverine hatte schon viele Verletzungen, an denen ein normaler Mensch gestorben wäre. Einmal wurde er sogar völlig verbrannt – und lebt immer noch!

IN DER REALEN WELT

Die Wissenschaft erforscht unsere DNA, um herauszufinden, ob Menschen sich selbst heilen könnten. Manche Tiere können große Teile ihres Körpers nachwachsen lassen: bei Quallen, Seeanemonen und manchen Wurmarten wächst sogar die Hälfte des Körpers nach, wenn diese abgeschnitten wird. Forschende an der Harvard University haben Würmer der Gattung *hofstenia miamia* untersucht und glauben, den genetischen Code entdeckt zu haben, der die Regulation oder Neubildung der Zellen kontrolliert. Doch von Selbstheilungskräften für Menschen sind wir noch weit entfernt.

KNOCHEN

Wolverines Skelett besteht aus Adamantium, einem unzerstörbaren Metall. Im Rahmen des finsteren Weapon-X-Programms goss man Adamantium in seinen Körper, wodurch er zu einem Super-Krieger wurde.

IN DER REALEN WELT

In der Chirurgie werden starke Metalle eingesetzt, um Knochenbrüche zu heilen. Titanschäume werden genutzt, um Knochenimplantate zu verstärken, und ganze Gelenke, zum Beispiel in der Hüfte, können durch Titan ersetzt werden. Das gesamte Skelett eines Menschen durch Metall zu ersetzen, wäre aber nicht gut, denn wir brauchen Knochenmark, um Blutzellen zu erzeugen und Kalzium zu speichern. Ein Mensch könnte also wohl nicht mit einem Metallskelett leben.

KRALLEN

James Howlett hatte schon natürliche Krallen, bevor er ein Adamantium-Skelett erhielt. Er kann seine Krallen einziehen und im Kampf bei Bedarf wieder ausfahren.

IN DER REALEN WELT

Wolverine ist der englische Name des Vielfraßes, eines kleinen, bärenartigen Tieres, das in Nordkanada und Alaska lebt. Wie Logan sind Vielfraße aggressive Einzelgänger. Sie sind sehr stark und können Beutetiere erlegen, die viel größer als sie selbst sind. Ihre Krallen können Vielfraße zwar nicht ein- und ausfahren, aber sie sind sehr scharf!

VERSTÄRKTE SINNE

Als wären Selbstheilungskräfte, ein Metallskelett und unzerstörbare Krallen nicht genug, hat Wolverine auch noch übermenschliche Sinne. Sein Spürsinn ist einmalig: Er kann Menschen aus weiten Entfernungen sehen, hören und manchmal sogar riechen. Außerdem ist er in der Lage, Menschen nur anhand ihres Geruchs zu erkennen.

IN DER REALEN WELT

Hunde können viel besser riechen als Menschen, weil sie weit mehr Geruchsrezeptoren in der Nase haben. Sie erkennen Menschen an deren Geruch, noch bevor sie diese sehen können. Manche Hunderassen können sogar Krebszellen, Sprengkörper oder Drogen erschnüffeln und vermisste Menschen oder Tiere aufspüren. Der Geruchssinn ist sozusagen die Superkraft von Hunden!

X-Men: MAGNETO

Nicht alle Mutanten teilen Professor Xaviers Traum vom friedlichen Zusammenleben mit den Menschen. Magneto und seine Schar von mutierten Superhelden und Superheldinnen glauben, dass Mutanten die nächste natürliche Evolutionsstufe darstellen.

MAGNETO
Magneto hält Mutanten für eine höherwertige Spezies. Er glaubt, dass die Welt Mutanten fürchtet und hasst, und will daher seine Spezies schützen.
Er kann Magnetfelder beeinflussen und dadurch schwere Metallobjekte bewegen sowie fliegen.

IN DER REALEN WELT
Menschlicher Magnet werden Menschen genannt, die behaupten, dass sie mithilfe ihres eigenen Magnetfelds Metallgegenstände anziehen können. Allerdings konnte noch keiner von ihnen dies unter wissenschaftlich kontrollierten Bedingungen beweisen. Vielleicht haben diese Menschen einfach eine sehr klebrige Haut!

MYSTIQUE
Mystique kann sich dank ihrer Superkräfte äußerlich in jede beliebige Person verwandeln, was sie zu einer besonders guten Spionin macht.
Als Gestaltwandlerin altert sie nicht, wird aber auf mehr als 100 Jahre geschätzt.

IN DER REALEN WELT
Beim US-amerikanischen Auslandsgeheimdienst CIA gibt es einen *Verkleidungs-Chef*, der dafür zuständig ist, die Mitarbeitenden für ihre Arbeit so auszustatten, dass sie nicht erkannt werden oder in streng bewachte Orte eindringen können. In vielen Blockbuster-Filmen werden mithilfe von einfallsreichen Perücken, Prothesen und Schminke glaubhafte Figuren erzeugt – aber seine Gestalt verändern kann im wahren Leben niemand.

JUGGERNAUT

Cain Marko ist Charles Xaviers Halbbruder. Als Cain in einem geheimen Tempel einen Edelstein entdeckte und berührte, bekam er unglaubliche Kräfte und wurde zu Juggernaut. Wenn Juggernaut einmal in Fahrt kommt, kann ihn nichts und niemand bremsen. Er kann die stärksten Schurken im Marvel-Universum außer Gefecht setzen und kommt sogar gegen Hulk an. Juggernaut ist in der Lage, ganze Berge mit seinen Fäusten zu zertrümmern, und hat schon mehr als einmal das Xavier-Institut zerstört.

IN DER REALEN WELT

Sir Isaac Newton entdeckte, dass jedes bewegliche Objekt sich ewig weiterbewegt und jedes unbewegliche Objekt unbeweglich bleibt, bis eine andere Kraft auf es einwirkt. Wenn wir anfangen oder aufhören, uns zu bewegen, fühlen wir eine Kraft namens Trägheit – den Widerstand jedes Objekts gegen eine Veränderung seiner Bewegung. Juggernaut ist so stark, dass keine Kraft der Welt seine Bewegung stoppen kann.

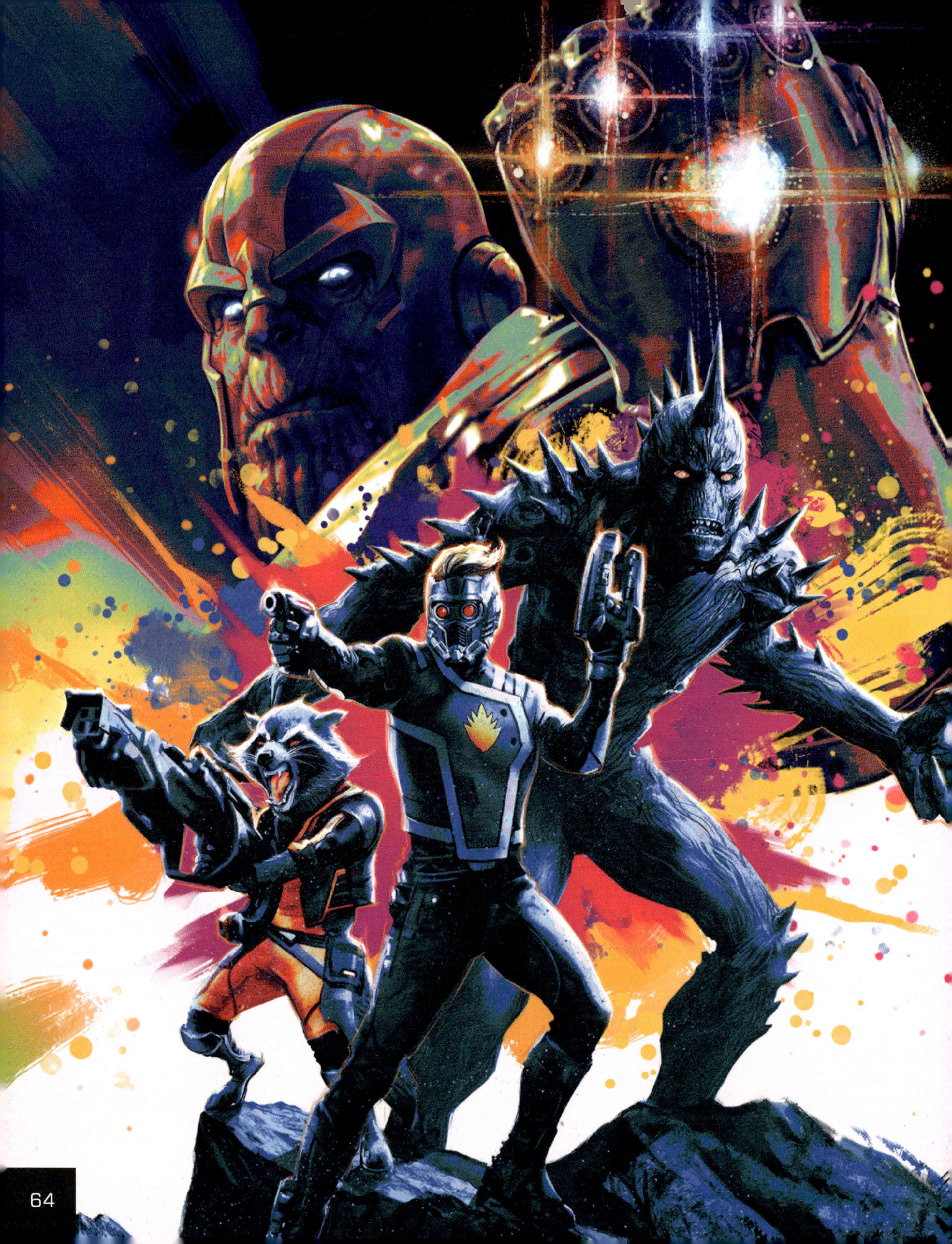

AUSSERIRDISCHE

Ich wusste nicht, wo meine Superkräfte herkommen, aber dann habe ich das Inhuman-Gen in meiner DNA gefunden. Irgendwo in meiner Familie gab es wohl mal einen Inhuman – also ein anderes Wesen als einen Menschen –, von dem ich meine Kräfte geerbt habe. Manche Superhelden und Superheldinnen können fliegen, unsichtbar sein oder Dinge in Luft sprengen. Ich kann mit einem großen, roten Dinosaurier das Bewusstsein tauschen, was manchmal eher nervig als nützlich ist!

- Woher stammt Thor?
- Wer sind die Guardians of the Galaxy?
- Können Bäume sprechen wie Groot?
- Können Planeten verspeist werden?
- Gibt es so etwas wie die Infinity-Steine wirklich?
- Wie bekam Captain Marvel ihre Superkräfte?
- Wer sind die Inhumans?

THOR & DIE ASEN

Asen sind Wesen aus einer anderen Dimension, die in Asgard leben und die Erde schon seit Jahrtausenden besuchen. Irgendwann wurden sie fester Bestandteil der nordischen Mythologie. Thor Odinson beschützt die Erde als Mitglied der Avengers, aber seine Heimat wird immer Asgard sein.

ASGARD

Thor und andere Asen leben in der magischen Welt Asgard, deren Herrscher Thors Vater Odin ist. Asgard ist eine von zehn Welten einer anderen Dimension. Um diesen wunderschönen Ort zu erreichen, muss man über die Regenbogenbrücke Bifröst gehen.

IN DER REALEN WELT

Asgard kommt in vielen uralten nordischen Sagen vor, aber es ist kein realer Ort. In Norwegen gibt es ein Dorf namens Åsskard, doch leider gibt es dort keine Superkräfte, noch nicht mal Loki lebt dort.

MJÖLNIR – THORS HAMMER

Thors stärkste Waffe ist der magische Hammer Mjölnir. Nur diejenigen, die des Hammers würdig sind, können ihn hochheben. Neben Thor gelang dies nur wenigen anderen Superhelden. Wer den Hammer in Händen hält, bekommt dadurch besondere Macht.

IN DER REALEN WELT

Ein Ingenieur hat in den USA einen Hammer wie Mjölnir erschaffen, den nur er hochheben kann! Der Hammer ist durch einen Elektromagneten am Boden befestigt, und in seinem Stiel befindet sich ein Fingerabdruck-Leser. Wenn der Ingenieur den Hammer anzuheben versucht, wird sein Fingerabdruck gelesen und der Magnet ausgeschaltet.

BLITZ UND DONNER

Als nordischer Donnergott kann Thor das Wetter kontrollieren und Wetterphänomene wie Blitz, Donner, Wind und Regen herbeirufen. Seine Feinde setzt er zum Beispiel mit Blitzen außer Gefecht, die oft direkt aus seinem Hammer Mjölnir kommen.

IN DER REALEN WELT

Der Wissenschaft ist es gelungen, mit Laserstrahlen Blitze zu kontrollieren – also einen Laser-Blitzableiter zu entwickeln. Der Laser wird in den Himmel gerichtet und trifft so auf Wolken, dass der Blitz sich sicher entlädt, anstatt zufällige Ziele zu treffen und für Menschen zur Gefahr zu werden.

Außerirdische: GUARDIANS OF THE GALAXY

Die Guardians of the Galaxy sind eine bunt zusammengewürfelte Truppe von interstellaren Superhelden und Superheldinnen, die das Universum vor Bedrohungen schützen und dabei auch noch ein bisschen Geld verdienen wollen. Die Zusammensetzung des Teams ändert sich ständig, wenn neue Mitglieder dazukommen und andere gehen.

STAR-LORD

Peter Quill ist der Sohn von J'Son, einem außerirdischen Herrscher, der auf der Erde notlanden musste. Peter hat eine aufregende Vorgeschichte: Er war NASA-Pilot, wurde von den Ravagers gefangen genommen, entkam und reiste auf der Suche nach Abenteuern durchs Universum. Dann nahm er den Namen Star-Lord an und ist jetzt der Anführer der Guardians of the Galaxy.

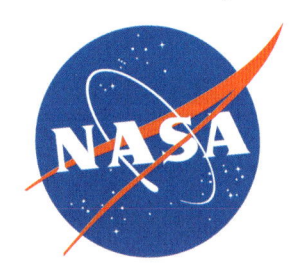

IN DER REALEN WELT

Die US-amerikanische Raumfahrtorganisation NASA (National Aeronautics and Space Administration) hat bisher in mehr als 150 Missionen über 360 Menschen ins All gebracht. Das Astronautentraining dauert zwei Jahre und ist extrem hart. Die NASA nimmt nur die Allerbesten. Kein Wunder also, dass Peter Quill ziemlich von sich überzeugt ist.

MANTIS

Früher war Mantis ein Mensch, aber sie verband sich mit einer Alien-Pflanze namens Cotati und erhielt dadurch Alien-Superkräfte. Sie hat ein paar telepathische Fähigkeiten, kann die Gefühle anderer Menschen spüren und mit Pflanzen sprechen.

IN DER REALEN WELT

Menschen, die besonders empfänglich für die Gefühle ihrer Mitmenschen sind, nennt man Empathen. Sie haben keine übersinnlichen Fähigkeiten, sondern der für Empathie zuständige Teil des menschlichen Gehirns ist bei ihnen einfach stärker ausgebildet. Sie sind oft sensibler und fürsorglicher, laufen aber auch Gefahr, sich die Sorgen und Probleme anderer Menschen zu sehr zu eigen zu machen.

GROOT

Groot ist im Wesentlichen ein riesiger, sprechender Baum – ein *Flora Colossus* vom Planeten X. Weil seine Stimmbänder nur schwach ausgebildet sind, hört es sich für ungeübte Ohren so an, als würde er immer „Ich bin Groot" sagen, wenn er redet. Aber sein Team kann ihn verstehen.

IN DER REALEN WELT

Wir hören es nicht, aber Bäume sprechen ständig miteinander! Unter der Erde gibt es ein riesiges Geflecht aus Pilzen, das in und um die Wurzeln herum wächst. Bäume verwenden das Pilz-Netzwerk, um Informationen aneinander weiterzugeben. Wissenschaftler nennen dieses Kommunikationssystem auch *Wood Wide Web*.

IN DER REALEN WELT

Waschbären sind intelligenter, als du vielleicht denkst. Sie sind nicht ganz so schlau wie Menschen oder Affen, aber sie können aus ihren Fehlern lernen und Probleme lösen. Außerdem haben sie gut ausgebildete Stimmbänder, mit denen sie zwar nicht sprechen, aber mehr als 50 verschiedene Laute erzeugen können. Allerdings bauen sie normalerweise keine Waffen, arbeiten nicht als Superhelden und planen keine Raubüberfälle.

ROCKET RACCOON

Der Waschbär Rocket stammt vom Planeten Halfworld, wo er genetisch verändert wurde, sodass er nun menschliche Intelligenz hat sowie sprechen und aufrecht gehen kann. Er ist zwar klein, aber sehr angriffslustig. Wenn er nicht gerade furchterregende Waffen baut, streitet er sich gerne mit den anderen Teammitgliedern.

Außerirdische: GALACTUS & DER SILVER SURFER

Galactus ist eines der ältesten und mächtigsten Wesen überhaupt und lebte schon vor dem Urknall, aus dem unser Universum hervorging. Überall im Universum haben Zivilisationen Angst vor ihm. Nur wenige Mutige stellen sich ihm entgegen.

GALACTUS

Der weithin gefürchtete Galactus verfügt über die Kosmische Kraft, eine fast unendliche kosmische Energie. Obwohl er unfassbar mächtig ist, muss Galactus Planeten verschlingen, um zu überleben. Er schickt Kundschafter in die Weiten des Universums, um seine nächste Mahlzeit auszuspähen. Die Fantastic Four konnten ihm vom Verzehr der Erde abhalten, als Reed Richards ihn mit dem Ultimativen Auslöscher bedrohte, der gefährlichsten Waffe des Universums.

IN DER REALEN WELT

Obwohl Planeten riesig sind, könnten sie von allen möglichen Dingen wie Schwarzen Löchern, Sternen oder sogar viel größeren Planeten verschlungen werden. Sterne wie unsere Sonne könnten sich die Planeten einverleiben, die sie einst erschaffen haben. So hat zum Beispiel Jupiter aus unserem Sonnensystem einen Planeten geschluckt: Vor etwa 4,5 Milliarden Jahren krachte ein kleinerer Planet mit Jupiter zusammen und wurde dann in Jupiter aufgenommen.

UATU

Uatu gehört zu einer unsterblichen Alien-Art namens Watcher. Die Watcher beobachten das Universum, haben aber geschworen, sich nicht in die Angelegenheiten anderer Spezies einzumischen. Uatu brach diesen Schwur, als er die Fantastic Four warnte, dass Galactus die Erde fressen wolle. Uatu war jahrelang auf dem Erdmond stationiert, um von dort die Menschen zu beobachten.

IN DER REALEN WELT

Uatu lebt auf dem Mond. Bisher haben bei sechs erfolgreichen Mondlandungen zwölf Menschen den Mond betreten. Die letzte bemannte Mission zum Mond fand im Dezember 1972 statt. Sie beinhaltete auch den längsten Weltraumspaziergang im Mondorbit, der 1 Stunde und 5 Minuten dauerte. Die Astronauten haben viele verschiedene Dinge mit auf den Mond genommen. 1971 brachte Alan Shepard einen Golfschläger mit und schlug zwei Bälle damit!

SILVER SURFER

Galactus wollte Zenn-La verschlingen, den Heimatplaneten von Norrin Radd. Norrin konnte ihn nur stoppen, weil er Galactus versprach, neue Planeten zum Verspeisen auszukundschaften. Norrin wurde mit Kosmischer Kraft durchtränkt und verwandelte sich in den Silver Surfer. Doch er befreite sich von Galactus und reist nun auf seinem silbernen Surfbrett durchs Universum.

IN DER REALEN WELT

Durch die besondere Form eines Surfbretts ist es möglich, damit über Wellen zu reiten. Größe und Gewicht des Surfbretts geben Stabilität, und die Finnen unter dem Brett dienen der Kontrolle und Lenkung. Es ist nicht ganz klar, wie der Silver Surfer kosmische Wellen reitet, aber sein Surfbrett hätte auf jeden Fall eine gute Form, wenn er im Meer surfen wollte.

DER URKNALL

Galactus ist ein mächtiges Wesen, das schon vor dem Urknall existierte. Aber wäre so etwas denkbar? Der Urknall fand vor 14 Milliarden Jahren statt. Das gesamte Universum war damals winzig klein, tausendfach kleiner als ein Stecknadelkopf, und als es explodierte, entstand daraus alles, was existiert. Allerdings gibt es noch viele Aspekte des Urknalls, die Forschende nicht verstehen oder erklären können, zum Beispiel warum das Universum die Form hat, die es hat. Vielleicht hatte ja ein gigantischer Planetenfresser seine Finger im Spiel …

Außerirdische: CAPTAIN MARVEL

Das Universum bietet genügend Platz für alle, aber manche Alien-Arten leben trotzdem nicht friedlich zusammen. Die Kree und die Skrulls sind schon seit Jahrtausenden im Krieg miteinander. Captain Marvel will das Weltall ins Gleichgewicht bringen.

CAPTAIN MARVEL
Carol Danvers, eine Offizierin der US-Luftwaffe, wurde bei der Explosion eines Kree-Geräts namens *Psyche-Magnetron* zu einem Kree-Mensch-Hybriden. Seitdem hat sie übermenschliche Kraft, Geschwindigkeit, Ausdauer und Reaktionsfähigkeit. Sie kann außerdem fliegen sowie Energiestrahlen abschießen und aufnehmen. Bevor sie zur Superheldin wurde, war Carol auch Pilotin und Spionin. Sie wollte schon immer das Weltall erkunden.

SKRULLS
Skrulls sind außerirdische Gestaltwandler, die das Aussehen anderer Menschen und Arten kopieren können. Sie schleichen sich in die Regierungen anderer Planeten, indem sie die Gestalt der mächtigsten Personen annehmen.

IN DER REALEN WELT
Menschen können ihr Äußeres nicht an andere anpassen, aber in der Natur gibt es tatsächlich Gestaltwandler. Der Mimik-Oktopus wurde 1998 entdeckt. Er kann Form und Farbe verändern, um wie eine Seeschlange, eine Qualle, ein Feuerfisch oder eine Seezunge auszusehen.

KREE

Die Kree sind eine menschenähnliche Alien-Art, die von der Obersten Intelligenz regiert wird. Das ist eine Künstliche Intelligenz, die das Wissen der klügsten Köpfe der Kree in sich vereint. Diese KI hat Kriege angezettelt und im Namen des Kree-Imperiums andere Reiche zerstört.

IN DER REALEN WELT

Unsere Gehirne bestehen aus mehr als 80 Milliarden Neuronen, die sich zu 100 Billiarden Verbindungen zusammentun. Das alles auf einen Computer hochzuladen, ist schwierig, aber die Supercomputer werden immer leistungsfähiger. Es scheint also nicht unmöglich, bald die Informationen eines Gehirns speichern zu können. Aber eine KI mit dem Wissen aller menschlichen Genies scheint noch sehr weit in der Zukunft zu liegen.

Außerirdische: THANOS & DIE INFINITY-STEINE

Die Infinity-Steine verkörpern verschiedene Aspekte des Lebens. Jeder Stein trägt eine andere Macht in sich. Wenn eine Person alle sechs Steine besitzt, hat sie fast unbegrenzte Macht. Thanos hat diese ungeheure Macht schon mehr als einmal eingesetzt.

DER ZEITSTEIN

Wer den Zeitstein besitzt, kann sich in der Zeit hin und her bewegen.

IN DER REALEN WELT

Es ist möglich, Zeit anders zu erleben als die Menschen um einen herum – je schneller du dich fortbewegst, desto langsamer vergeht für dich die Zeit. In einer wissenschaftlichen Studie wurden Uhren, die auf unterschiedlichen Routen um die Welt geflogen waren, mit Uhren verglichen, die sich nicht vom Fleck bewegt hatten: Die Zeit der Uhren in den Flugzeugen wich geringfügig von den Angaben der Uhren am Boden ab. Sie hatten die Zeit also unterschiedlich erlebt.

DER RAUMSTEIN

Wer den Raumstein besitzt, kann in Sekundenschnelle an jeden Ort des Universums gelangen.

IN DER REALEN WELT

Die Wissenschaft forscht schon seit Jahren im Bereich Teleportation, aber einen Menschen zu teleportieren, ist sehr kompliziert, denn unser Körper besteht aus 32 Billionen Zellen. Um eine so große Datenmenge zu transportieren, bräuchte man mehr Energie, als jemals auf der Erde existierte.

DER REALITÄTSSTEIN

Dieser Stein kann die Realität verändern und auch andere Realitäten erzeugen.

IN DER REALEN WELT

Je nach Gefühlen, vergangenen Erfahrungen und Lebenseinstellung erlebt jeder Mensch die Realität anders.

DER MACHTSTEIN

Der Machtstein speichert riesige Mengen an Kraft und Energie und ermöglicht es, verschiedene Arten von Energie zu beeinflussen.

IN DER REALEN WELT

Die größte solarbetriebene Batterie der Welt steht in Florida und soll angeblich so viel Energie wie 100 Millionen Smartphone-Batterien speichern können.

DER SEELENSTEIN

Dieser Stein kann die Seelen von Menschen beeinflussen und enthält ein Mini-Universum namens Seelenwelt.

IN DER REALEN WELT

Einige Forschende meinen: Da wir in einem sich ausdehnenden Universum leben, könnten darin auch kleinere entstehen, die als Taschen- oder Blasen-Universen bezeichnet werden. Dass es solche Universen gibt, konnte bisher nicht bewiesen werden. Man kann es sich aber vorstellen wie beim Wasserkochen: Das kochende Wasser bildet Blasen. Ein Taschen-Universum würde auf dieselbe Weise entstehen. Solche Universen könnten ihre eigenen physikalischen Gesetze haben, die völlig von unseren abweichen.

DER GEDANKENSTEIN

Mit dem Gedankenstein bekommt man mentale Fähigkeiten wie Telepathie (Gedanken lesen und weitergeben) und Telekinese (Gegenstände durch Gedanken bewegen).

IN DER REALEN WELT

Kontrollieren kann man die Gedanken anderer Menschen nicht, aber man kann sie beeinflussen, indem man zum Beispiel unauffällig Vorschläge macht, um sie in eine bestimmte Richtung zu lenken.

Außerirdische: DIE INHUMANS & MOON GIRL

Die Inhumans wurden vor Jahrtausenden von den Kree als Supersoldaten-Art erschaffen, die gegen die Skrulls kämpfen sollte. Seitdem haben die Inhumans sich im ganzen Universum ausgebreitet. Die Superkräfte vieler Superhelden und Superheldinnen wie Ms Marvel und Moon Girl basieren auf ihrer Inhuman-DNA.

MOON GIRL
Lunella Lafayette ist möglicherweise der klügste Mensch auf der ganzen Welt. Sie hat viele coole Geräte gebaut, zum Beispiel Rollschuhe mit Sprungfedern, ein Niespulvergewehr und eine Kraftfeld-Hand. Außerdem kann sie mit ihrem besten Freund Devil Dinosaur das Bewusstsein tauschen.

IN DER REALEN WELT
Wir besitzen nicht die Technologie, um das Bewusstsein mit irgendjemandem zu tauschen (und das ist wahrscheinlich auch gut so), aber der Wissenschaft ist es gelungen, die Gehirne von Tieren so zu vernetzten, dass diese mit elektrischen Impulsen Informationen austauschen können. Doch von einem Bewusstseinstausch zwischen Mensch und Tier ist das noch sehr weit entfernt.

MS MARVEL
Kamala Khans Superkräfte wurden vom Terrigen-Nebel der Inhumans aktiviert. Einer ihrer Vorfahren war ein Inhuman. Sie kann ihre Größe und Form beliebig verändern. Kamala ist ein großer Avengers-Fan und hat sogar Poster von ihnen an der Wand hängen.

BLACK BOLT

Der König der Inhumans spricht nicht viel – vor allem, weil seine Stimme so laut ist, dass sie sogar Berge zerstören kann. Diese Macht ist gleichzeitig ein Fluch, und so übernimmt oft seine Frau Medusa die Kommunikation für ihn.

IN DER REALEN WELT

Bei der Armee oder der Polizei werden manchmal Waffen eingesetzt, die Schall und Ultraschall nutzen. Die meisten davon sollen die Trommelfelle von Menschen irritieren und sie so orientierungslos machen. Sie werden zum Beispiel eingesetzt, um Menschenmengen aufzulösen. Aber es gibt auch Forschungen zu einer Technik, die hartes Felsgestein mit Ultraschall-Vibrationen zerkleinert, genau wie Black Bolts Stimme.

MEDUSA

Die Königin der Inhumans hat extrem kräftiges und mächtiges Haar, das sie mit ihren Godanken kontrolliert.
Ihre Haarpracht ist eine beeindruckende Waffe!

IN DER REALEN WELT

Der Weltrekord für das dickste menschliche Haar liegt bei 772 Mikrometer (0,772 mm). Es wurde 2021 aus dem Bart des Pakistaners Muhammad Umiar Khan entnommen.

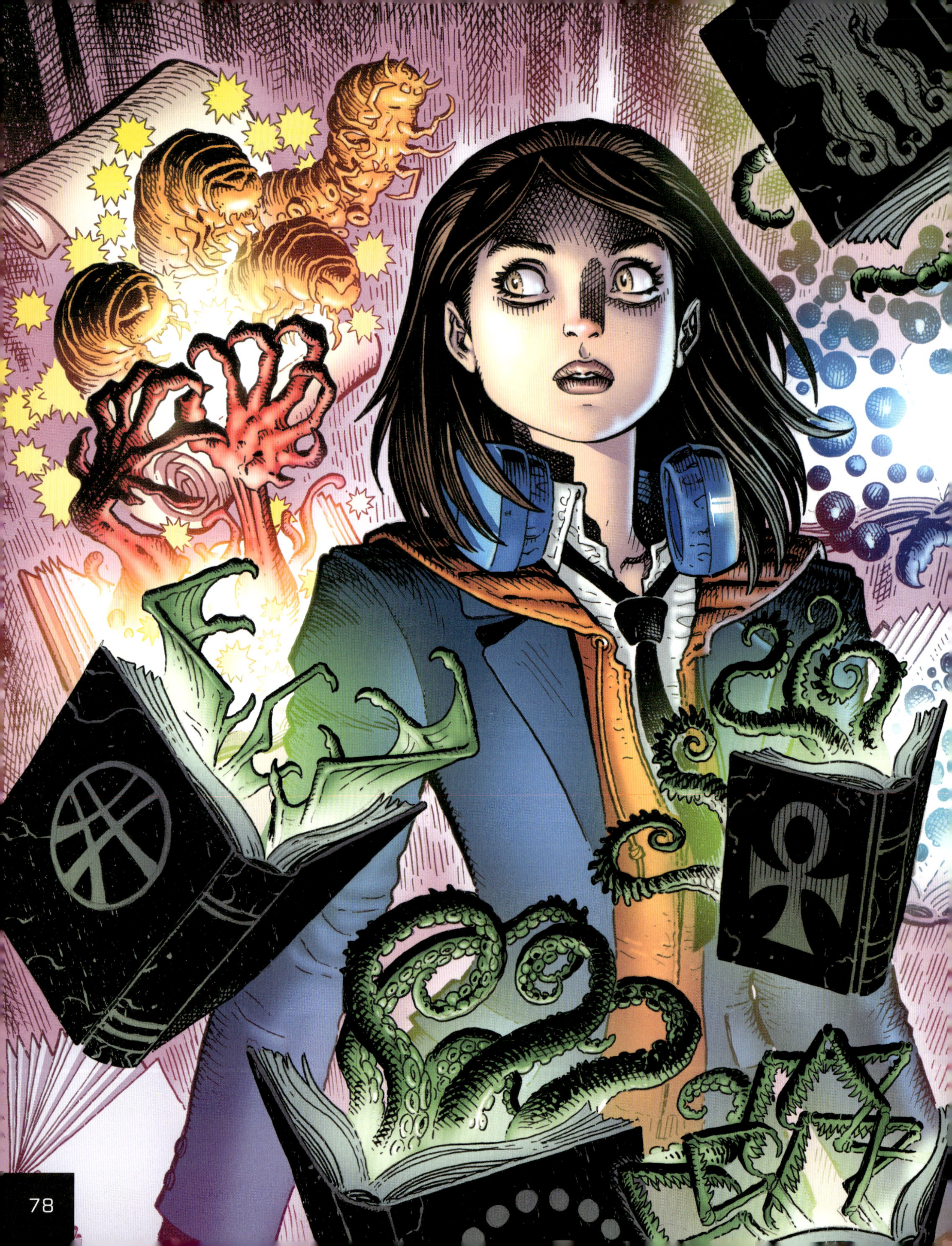

DIE ÜBERSINNLICHEN

Ich komme aus der Welt der Wissenschaft und habe mich noch nicht so sehr mit Magie beschäftigt. Aber so wie ich das sehe, ist Magie ein kleines bisschen wie Wissenschaft. Bei mystischer Energie geht es eigentlich um Muster und Regeln. Man muss sie erlernen – genau wie in der Wissenschaft. Doctor Stranges Zauber sind im Grunde genau wie Computerprogramme, die mystische Energie beeinflussen.

- Wie wurde Doctor Strange zum Obersten Zauberer?
- Welchen magischen Gegenstand trägt Doctor Strange um den Hals?
- Wie mächtig ist Scarlet Witch?
- Woher hat Wanda Maximoff ihre Superkräfte?
- Wie werden Magie und Illusion in unserer Welt erzeugt?

Die Übersinnlichen: DOCTOR STRANGE

Als Sorcerer Supreme, Oberster Zauberer, beschützt Doctor Strange unsere Welt vor übersinnlichen Bedrohungen. Er spricht mächtige Zaubersprüche und besitzt viele magische Gegenstände.

STEPHEN STRANGE

Der Chirurg Dr. Stephen Strange verletzte sich bei einem Autounfall schwer an den Händen, woraufhin er nicht mehr operieren konnte. Seine Suche nach Heilung führte ihn zum Ältesten, der Stephen in Magie unterrichtete. In einer alternativen Realität schnitt Doctor Doom die gebrochenen Hände von Stephen Strange einfach ab und ersetzte sie durch Roboter-Prothesen!

IN DER REALEN WELT

Prothesen gibt es schon seit Jahrhunderten. Die älteste ist mehr als 3.000 Jahre alt: ein aus Holz geschnitzter Zeh, der den verlorenen Zeh einer hochrangigen Ägypterin ersetzen sollte. Mit modernen Handprothesen kann man Dinge sogar greifen und hochheben.

DER SCHWEBENDE UMHANG

Der Umhang reagiert auf Doctor Stranges Gedanken und erlaubt es dem Magier, längere Zeit zu fliegen. Der Umhang kann aber auch selbstständig handeln und greift Gegner an, wenn Doctor Strange ohnmächtig oder außer Gefecht gesetzt ist.

IN DER REALEN WELT

Bitte probiere das nicht zu Hause aus, aber Flügel in Form eines Umhangs könnten theoretisch als Gleitflieger benutzt werden. Die Spannweite eines normalen Umhangs betrüge allerdings nur etwa die Hälfte eines normalen Gleitfliegers, was die Kontrolle und das Drehen in der Luft sehr schwierig machen würde.

DAS AUGE VON AGAMOTTO

Stephen Strange trägt das Auge von Agamotto an einer Kette um den Hals – es ist eines seiner mächtigsten magischen Gegenstände. Das Auge verleiht Doctor Strange viele Zauberkräfte, und es kann Lügen oder Täuschung erkennen. Man kann den Doctor also nicht hinters Licht führen!

IN DER REALEN WELT

In manchen Ländern setzt die Polizei einen *Polygrafen* (oft Lügendetektor genannt) ein, um herauszufinden, ob jemand lügt. Dieses Gerät misst Blutdruck, Puls und Atmung, um zu bestimmen, ob die Antworten wahr oder gelogen sind. Der Einsatz von Polygrafen ist umstritten, da die Maschinen häufig Fehler machen. Aber weil sie häufig in Filmen und TV-Serien vorkommen, halten viele Menschen sie für effektiv.

81

Die Übersinnlichen: SCARLET WITCH

Wanda Maximoff ist eine mächtige Mutantin. Mit Chaos-Magie beeinflusst sie Energie und Materie. Manchmal hat sie Probleme mit ihren unglaublichen Fähigkeiten, arbeitet aber hart daran, diese zu kontrollieren.

WANDA & WITCH

Wanda und ihr Bruder Pietro wuchsen bei fahrenden Roma in Osteuropa auf. Wanda hat eine natürliche Begabung für Magie und wurde von Agatha Harkness, einer mächtigen Hexe, unterrichtet. Ursprünglich wurde Wanda als Scarlet Witch beschimpft, aber sie nahm den Namen schließlich als richtigen an.

IN DER REALEN WELT

Jahrhundertelang wurden Frauen beschuldigt, Hexen zu sein: Man gab ihnen zum Beispiel die Schuld für natürliche Ereignisse wie schlechte Ernten. Andere Frauen galten als Hexen, weil sie Menschen mit Kräutern und Pflanzen heilen konnten. Sowohl in Europa als auch in den USA gab es Hexenprozesse. Berühmt sind die von Salem im US-Staat Massachusetts von 1692–1693. Die letzte Hexe aus diesen Prozessen wurde offiziell im Jahr 2022 freigesprochen – erst 329 Jahre nach ihrem Tod!

MAGISCHE ENERGIE

Wanda kann verschiedene magische Energieformen nutzen, darunter die Chaos-Magie. Je nach Energieform verändern sich ihre Superkräfte. Sie kann enorme Energiemengen lenken und die Realität verändern, wie es ihr gefällt. Einmal löschte sie fast alle Mutanten auf dem Planeten aus, indem sie die Worte „Keine Mutanten mehr" sprach. Wandas Magie beraubte so Tausende von Mutanten ihrer Superkräfte, bis nur noch 198 von ihnen noch besondere Fähigkeiten hatten. Doch zum Glück wurde dieser Zauberspruch inzwischen zurückgenommen.

LEVITATION

Wanda kann mithilfe ihrer Zauberkräfte nicht nur selbst in der Luft schweben, sondern diese Fähigkeit auch auf andere Menschen übertragen.

IN DER REALEN WELT

Es gibt einen klassischen Zaubertrick, bei dem ein Magier oder eine Magierin das Publikum glauben lässt, dass er oder sie über dem Boden schwebt. Dafür muss man sich in etwa 2,5 m Entfernung und im 45-Grad-Winkel mit dem Rücken zum Publikum stellen, sodass der hintere Fuß nicht sichtbar ist. Dann hebt man die Ferse des hinteren Fußes und den ganzen vorderen Fuß, sodass das Publikum nicht sieht, dass das gesamte Gewicht auf der Spitze des hinteren Fußes lagert. Wenn man es richtig macht, sieht es aus, als würde man schweben!

ILLUSION

Wanda kann Illusionen erzeugen, um ihre Feinde zu täuschen und ihren Freunden zu helfen. Ihre Illusionen sind so realistisch, dass Wanda manchmal sogar selbst davon in die Irre geführt wurde.

IN DER REALEN WELT

Zauberkunst, wie wir sie kennen, basiert immer auf Illusionen, die das Publikum täuschen. Die beliebtesten Tricks zeigen etwas, das eigentlich unmöglich ist – zum Beispiel, wenn eine Person zersägt oder ein Blumenstrauß aus einem Hut gezaubert wird. Diese Tricks werden normalerweise mit eigens dafür vorbereiteten Gegenständen ausgeführt. So wird die Person nicht wirklich in zwei Teile zersägt, sondern versteckt ihre Beine in einem geheimen Kasten, und die Blumen werden in einem Geheimfach im Hut aufbewahrt.

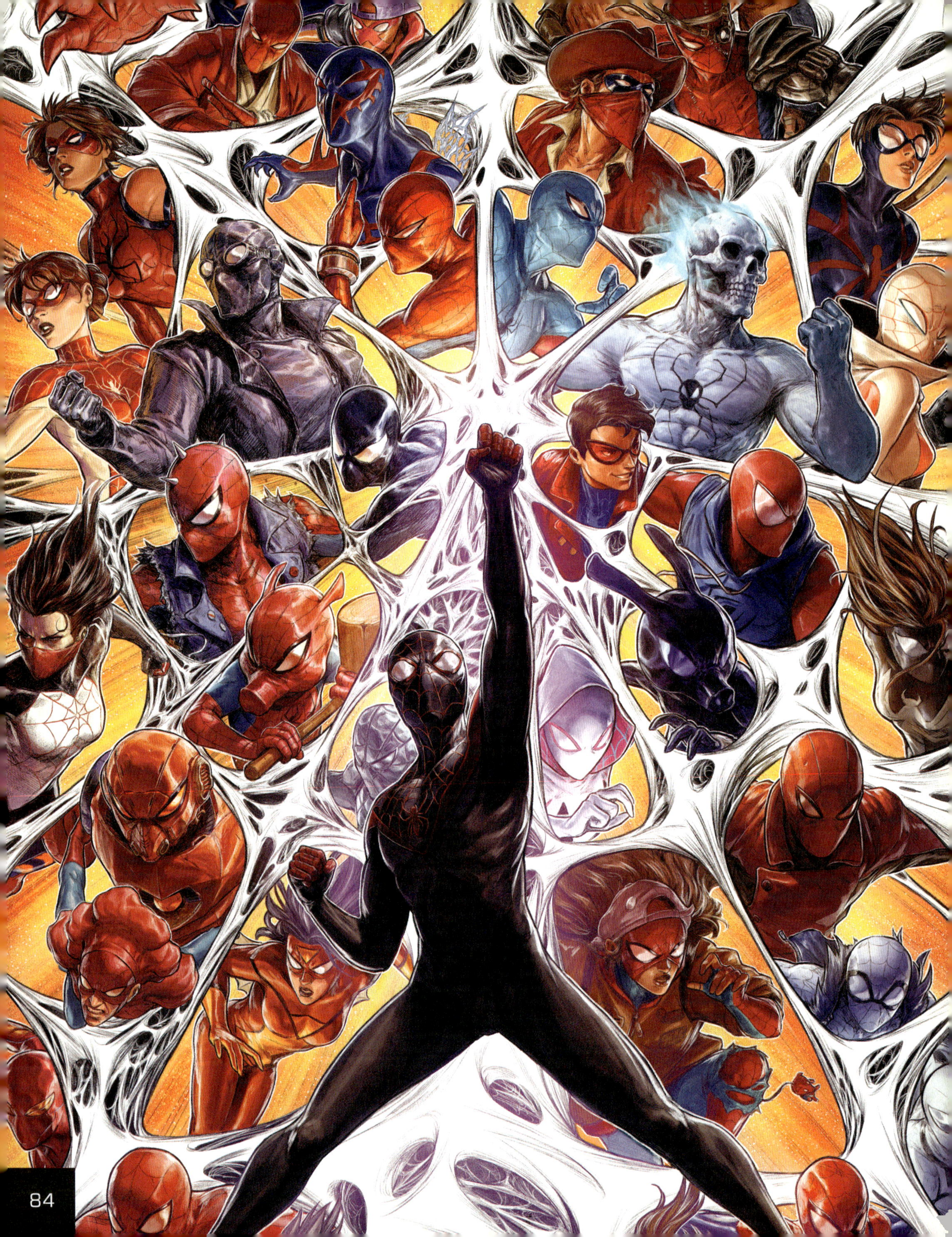

DAS MULTIVERSUM

Es gibt unzählige Paralleluniversen, die das Multiversum und das Omniversum bilden. Ich bin mal einer Version von mir namens Devil Girl aus einem Paralleluniversum begegnet. Ich habe Devil Dinosaur, aber ihr Freund heißt Moon Dinosaur. Sie war eine ziemlich nervige Besserwisserin. Hmmm …

- Was ist das Multiversum?
- Könnte es in verschiedenen Universen verschiedene Versionen von mir geben?
- Was passiert, wenn Universen aneinanderstoßen?
- Warum gibt es so viele Versionen von Spider-Man?
- Können Spinnen denken?
- Gibt es eine Version von Spider-Man als Schwein?

DAS MULTIVERSUM

Das Multiversum ist eine Ansammlung verschiedener Universen, die alle zur gleichen Zeit existieren, normalerweise jedoch nicht miteinander in Kontakt treten. Das Marvel-Hauptuniversum ist als Universum 616 bekannt, aber es gibt unzählige weitere, die alle ihre eigene Geschichte, physikalischen Regeln und Bewohner haben.

PARALLELWELTEN
Viele Universen im Multiversum haben denselben Startpunkt, entwickelten sich dann aber in unterschiedliche Richtungen. Die Geschichte von „Age of Apocalypse" entfaltet sich zum Beispiel in einem Universum, in dem Charles Xavier getötet wurde und Apocalypse nicht davon abhielt, die Herrschaft über die Welt zu übernehmen.

IN DER REALEN WELT
Die *Vielweltentheorie* der Quantenphysik besagt: Jedes Mal, wenn eine Reaktion ein Ereignis erzeugt, entsteht ein Paralleluniversum, in dem das Gegenteil dieses Ereignisses stattfindet. Allerdings hätten wir keine Möglichkeit, mit diesem Universum in Kontakt zu treten. Du musst dir also keine Sorgen machen, dass du immer ein neues Universum erschaffst, wenn du etwas tust!

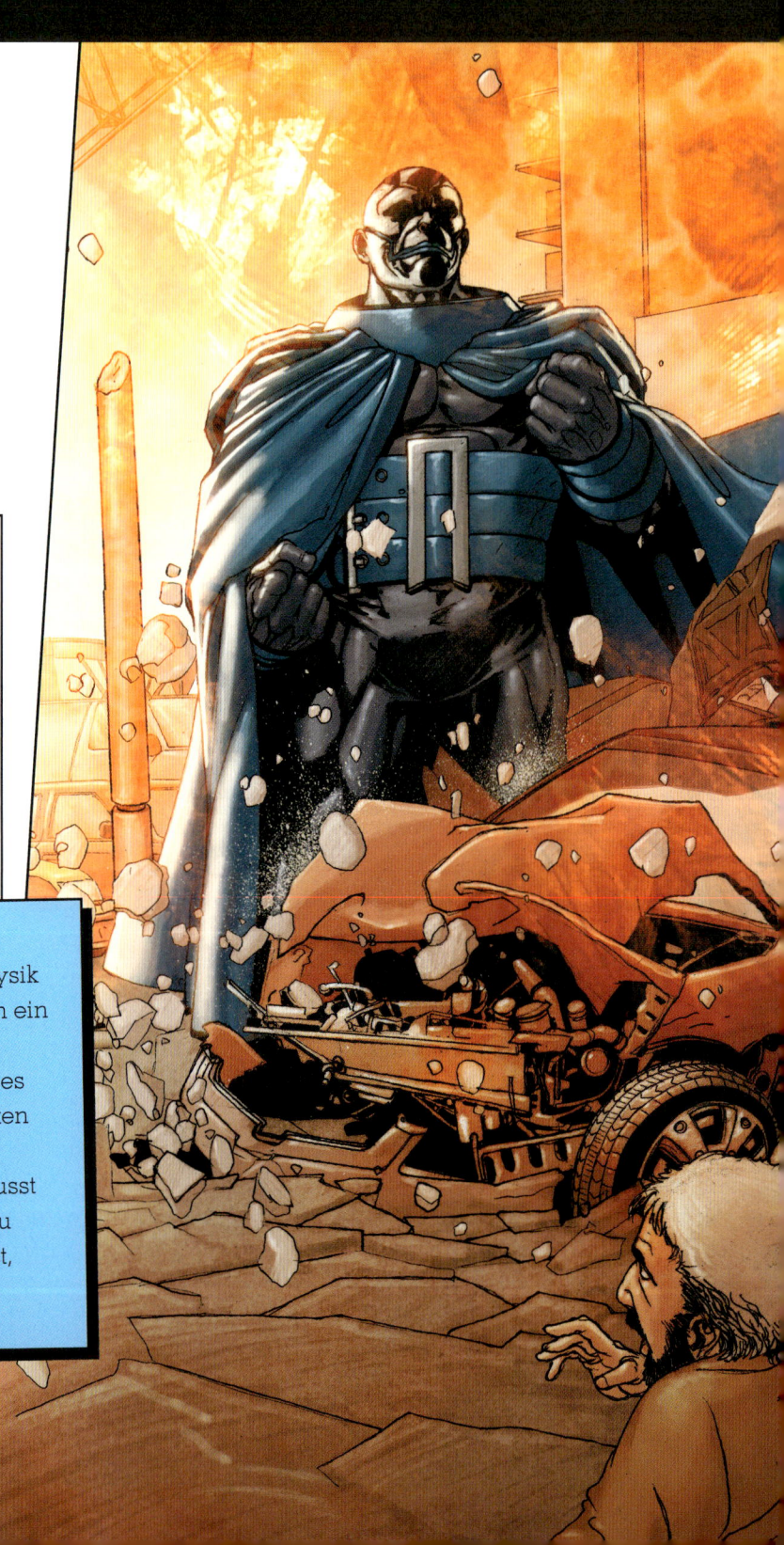

INKURSIONEN

Schäden am Multiversum bewirkten, dass mehrere Universen zusammenprallten. Das nennt man *Inkursion*. Durch den Zusammenprall wurden Universen vernichtet, bis nichts mehr übrig war. Doch zum Glück konnte Reed Richards alles wiederaufbauen.

IN DER REALEN WELT

Es gibt die wissenschaftliche Theorie, dass unser Universum beim Urknall mit einem anderen Universum kollidierte. Beim Urknall bildete sich unser Universum unfassbar schnell, und wir wissen immer noch nicht, wieso es seine jetzige Form hat. Vielleicht ist es ja wirklich mit einem anderen Universum zusammengeprallt!

ALTERNATIV-VERSIONEN

Es gibt Hunderte verschiedener Versionen von Superhelden und Superheldinnen aus anderen Universen, und alle haben ihre eigene spannende Geschichte. Manchmal begegnen sich diese verschiedenen Versionen ein und derselben Person. Hank McCoy alias Beast von den X-Men wurde einmal sogar durch eine böse Version seiner selbst aus einer anderen Realität namens Dark Beast ersetzt.

IN DER REALEN WELT

Viele Menschen haben schon einmal Fremde gesehen, die ihnen selbst oder Bekannten unheimlich ähneln. Durch die sozialen Medien und das Internet kann man Doppelgänger finden, die einander so ähnlich sind, dass sie sogar eine Gesichtserkennungs-Software täuschen können!

Das Multiversum: DAS SPIDER-VERSUM

Spider-Man ist ein so wichtiger Superheld, dass es unzählige Spinnen-Helden in den unterschiedlichsten Universen gibt. Nicht jeder Spider-Man ist Peter Parker, aber sie sind alle Helden!

PETER PORKER, DER SPEKTAKULÄRE SPIDER-HAM

Peter Porker ist ein sprechendes Schwein aus einem Universum, in dem Tierversionen der Marvel-Superhelden leben. Zu seinen Freunden gehören zum Beispiel Superhelden wie Captain Americat, Iron Mouse und Croctor Strange, und unter seinen Feinden findet man Ducktor Doom und Kangaroo the Conqueror.

IN DER REALEN WELT

Schweine sind sehr klug. Sie sollen sogar schlauer als Hunde und Katzen sein! Sie kommunizieren mit mehr als 20 Lauten und singen ihren Kindern beim Säugen etwas vor. Sogar bei Videospielen schneiden Schweine besser ab als Schimpansen! Schweine können sich auch heldenhaft benehmen. So rettete ein Schwein namens Lucky in den USA seine Menschenfamilie, indem es sie aufweckte, als nachts ein Feuer im Haus ausbrach. Nur wegen Luckys Einsatz konnte die Familie sich retten.

SPIDERS-MAN

Der Peter Parker aus Erde-11580 wurde nicht von einer einzelnen Spinne gebissen, sondern er fiel in eine ganze Spinnenkolonie. Diese Spinnen bildeten mit Peter ein gemeinsames Bewusstsein. Alle zusammen gehen sie als Spiders-Man auf Verbrecherjagd.

IN DER REALEN WELT

Spinnen können denken und lernen dazu. Sie denken mit ihren Netzen, deren feine Muster vielleicht zufällig wirken, in Wahrheit aber gut durchdacht sind. Form und Muster eines Spinnennetzes basieren auf vergangenen Erfahrungen. In gewisser Weise ist das Netz der Ausdruck ihrer Gedanken. Spinnen speichern und filtern damit Informationen zum Beispiel darüber, wie bestimmte Beute-Insekten gefangen werden können.

DAS NETZ DES LEBENS

Das Netz des Lebens verbindet verschiedene Spinnen-Helden (sogenannte *Spinnen-Totems*) im Multiversum. Es leitet diese Helden und hilft ihnen, ihre Kräfte zu aktivieren. Einige Superhelden sind schlau genug, durch das Netz des Lebens mit anderen Helden zu kommunizieren und durch das Spider-Versum zu reisen.

IN DER REALEN WELT

Die meisten Spinnen sind Einzelgänger, aber einige Arten leben in Gruppen. Dort spinnen sie ein gemeinsames, riesiges Netz und arbeiten zusammen, um Beute-Insekten zu fangen. Die Spinnen verwenden dieses Netz auch zur Kommunikation, es ist also ein bisschen wie das Netz des Lebens.

GWEN STACY, SPIDER-WOMAN

Die Gwen Stacy von Erde-65 wurde anstelle von Peter Parker von einer radioaktiven Spinne gebissen und erhielt dadurch dieselben Superkräfte wie unser Spider-Man. Diese Version von Gwen Stacy hat viele Universen besucht und sich oft mit dem Peter Parker des Marvel-Hauptuniversums verbündet. Sie ist außerdem Schlagzeugerin einer Indie-Band namens The Mary Janes.

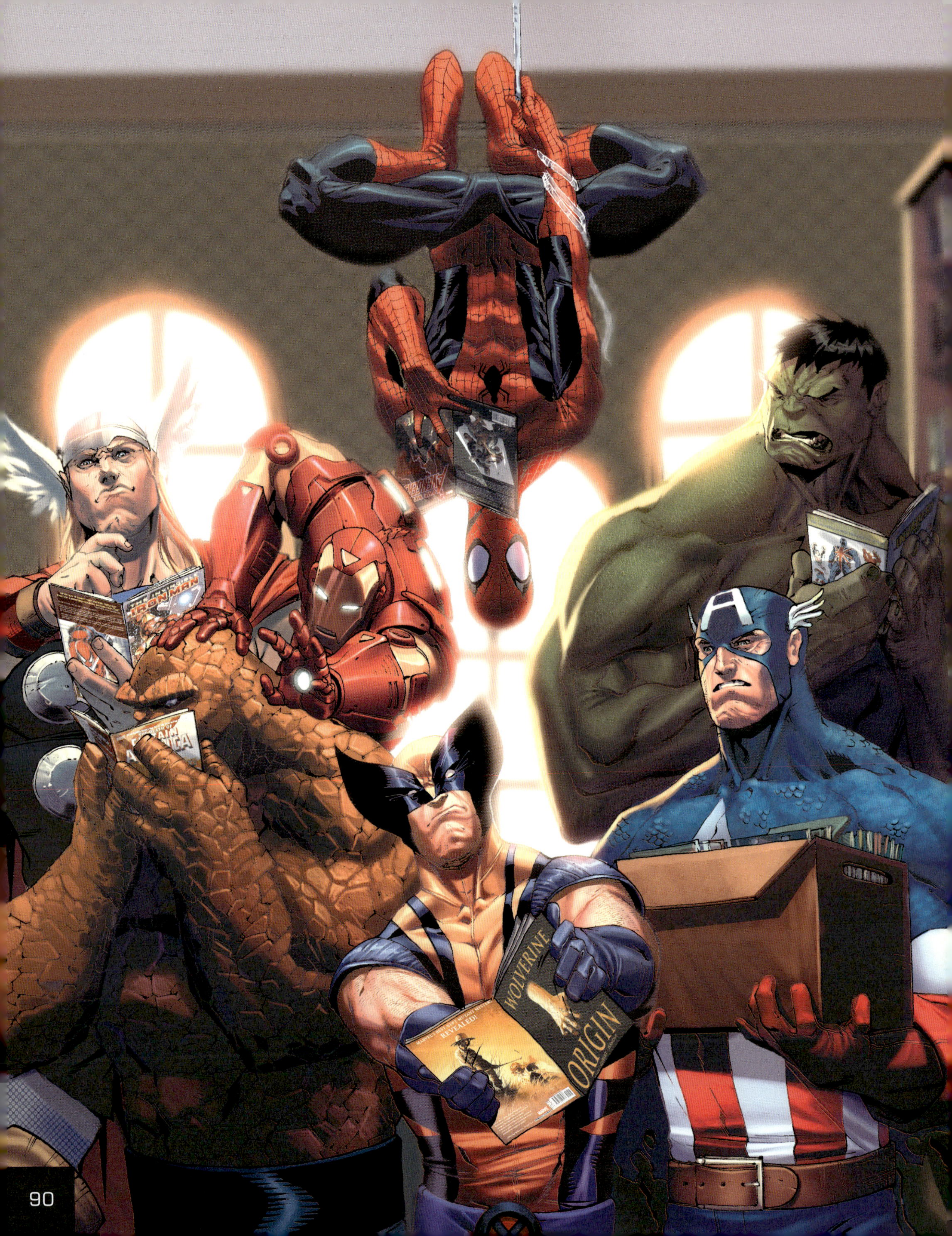
IRON MAN
WOLVERINE
ORIGIN
REVEALED!

BIBLIOTHEK

- Glossar
- Quellenangaben
- Bildnachweise

GLOSSAR

ANTIMATERIE – Partikel, die das Gegenteil von normaler Materie sind, weil sie zum Beispiel eine positive statt einer negativen Ladung haben.

ATOME – Winzig kleine Bausteine, aus denen alles um uns herum besteht.

DIMENSIONEN – Verschiedene Welten, die nebeneinander existieren, aber in jeder Welt können die Dinge anders sein. Superheldinnen und Superhelden können manchmal zwischen diesen Welten reisen.

DNA (DEUTSCH: DNS) – Abkürzung für Desoxyribonukleinsäure. Sie ist der Bauplan des Lebens, der sich in fast jeder Zelle eines Lebewesens findet.

ELEKTROMAGNETISMUS – Eine Kombination aus Magnetfeldern und elektrischem Strom, die miteinander interagieren.

EMPATHIE – Die Fähigkeit, die Gefühle anderer Menschen zu lesen.

ENERGIE – Die Kraft, die Dinge in Bewegung bringt oder dafür sorgt, dass etwas funktioniert.

GENETIK, GENETISCH – Die Genetik untersucht, welche Eigenschaften biologisch von Eltern an Kinder weitergegeben werden. Wenn etwas genetisch ist, hat es mit diesen weitergegebenen Eigenschaften zu tun.

GENOM – Die Anleitung eines Lebewesens, die beinhaltet, wie es aussieht und funktioniert.

GESTALTWANDELN – Die Fähigkeit, das gesamte Aussehen seines Körpers zu verändern, sodass man zum Beispiel aussieht wie eine andere Person.

GPS – Global Positioning System (Globales Positionierungs-System), das mithilfe von Satelliten in der Erdumlaufbahn ermitteln kann, wo sich Orte, Menschen oder Geräte befinden.

KI (KÜNSTLICHE INTELLIGENZ) – Die Fähigkeit einer Maschine, menschliche Fähigkeiten wie logisches Denken, Lernen oder Planen zu erlernen und nachzuahmen.

KLON – Die Kopie eines Lebewesens mit identischem Erbgut.

KOSMISCHE STRAHLUNG – Energiereiche Partikel, die aus dem Weltraum kommen und sich fast mit Lichtgeschwindigkeit durchs All bewegen.

KRAFTFELD-ERZEUGUNG – Die Fähigkeit, Mauern oder Räume aus Energie zu erzeugen, um sich und andere zu schützen.

MAGIE – Der Einsatz unerklärlicher Zauberkünste.

MASSE – Das, was ausmacht, wie groß und schwer ein Lebewesen oder ein Gegenstand ist.

NANO – Nano weist auf etwas hin, das winzig klein und nur mit speziellen Geräten sichtbar ist. Ein Nanometer ist eine Million mal kleiner ist als ein Millimeter.

ORGANISMUS – Ein lebendiges Wesen, wie Mensch, Tier, Pflanze oder sogar ein Bakterium. Ein Organismus besteht aus vielen Teilen, die zusammenarbeiten, damit er lebt.

PARTIKEL – Winzige Teilchen um uns herum, die unsichtbar sind, zum Beispiel Atome, Moleküle und Elektronen.

PHASING – Nicht-Körperlichkeit: die Fähigkeit, durch feste Objekte hindurchzugehen.

PHYSIKALISCHE REGELN – Unsichtbare Regeln in unserer Welt, die bestimmen, wie alles funktioniert, zum Beispiel, warum Dinge runterfallen oder warum der Ball springt.

QUANTEN – Kleinste Einheit in der Physik, häufig erforscht in Bezug auf die besonderen Regeln, nach denen sie sich verhalten, die ganz anders sind als die Dinge, die wir aus unserem Alltag kennen.

RADIOAKTIVITÄT – Bestimmte Stoffe geben eine unsichtbare Energie ab, die sehr stark ist und durch vieles hindurchgehen kann. Diese Energie sind radioaktive Strahlen, wie zum Beispiel Gammastrahlen. Die Strahlen sind sehr gefährlich, weil sie den Körper schädigen und krank machen können, wenn man ihnen zu lange ausgesetzt ist.

REALITÄT – Die Realität ist alles, was wirklich passiert und was wir um uns herum sehen, hören und fühlen. Das Gegenteil davon sind Dinge, die wir uns ausdenken oder träumen.

SELBSTHEILUNG – Verletzungen heilen durch eigene Kraft und schneller als bei normalen Menschen.

SYMBIONT – Ein Lebewesen, das in einer symbiotischen (gegenseitigen) Beziehung mit einem anderen lebt. Spider-Mans Alien-Anzug war zum Beispiel ein Symbiont.

TELEKINESE – Die Fähigkeit, Gegenstände mit der Kraft der Gedanken zu bewegen.

TELEPATHIE – Die Fähigkeit, die Gedanken anderer zu lesen.

UNSICHTBARKEIT – Die Fähigkeit, für das bloße Auge, aber auch für technische Hilfsmittel wie Röntgenstrahlen unsichtbar zu werden.

ÜBERMENSCHLICHE KRAFT – Härter zuschlagen und größere Gewichte heben können als normale Menschen.

ÜBERMENSCHLICHE SCHNELLIGKEIT – Schneller als der schnellste Mensch sein.

ÜBERMENSCHLICHE WIDERSTANDSFÄHIGKEIT – Unempfindlicher als Menschen sein und mehr Verletzungen aushalten.

UNIVERSUM – Alles, was es gibt. Zu unserem Universum zählen der Weltraum, die Sterne, Planeten und Galaxien. Es ist so groß, dass niemand genau weiß, wo es aufhört.

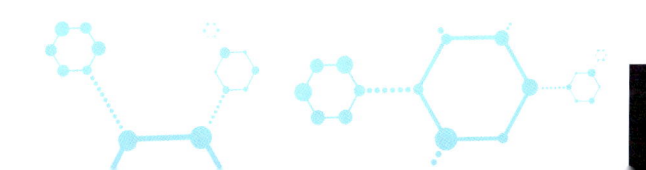

QUELLENANGABEN

Darwin, Charles, *On the Origin of Species*, (1859)

DeFalco, Tom, *Comic Creators on Spider-Man*, (Titan Books Ltd, 2004)

DeFalco, Tom, *Comic Creators on X-Men*, (Titan Books Ltd, 2006)

DK, *How Science Works*, (DK, 2018)

Hawking, Stephen, and Hawking, Lucy, *Unlocking the Universe*, (Puffin, 2021)

Isaacson, Walter, *Einstein: His Life and Universe*, (Simon & Schuster UK, 2017)

Gleick, James, *Chaos: Making a New Science*, (Penguin Group [UK] Ltd, 1987)

Gresh, Lois and Weinberg, Robert, *The Science of Superheroes*, (Wiley, 2002)

Lorch, Mark and Miah, Andy (ed), *The Secret Science of Superheroes,* (Royal Society of Chemistry, 2017)

BILDNACHWEISE

Der Originalverlag dankt Shutterstock für die Bereitstellung von Fotos für dieses Buch. Es wurde sich bemüht, für alle Copyrightbilder Abdruckgenehmigungen einzuholen, möglicherweise konnten jedoch in einigen Fällen die Rechteinhaber nicht ausfindig gemacht werden. Wenn diese sich melden, werden die Angaben in zukünftigen Ausgaben korrigiert.

(o) = oben, (u) = unten

Seite 14 James van den Broek/Shutterstock; 16 Composite_Carbonman/Shutterstock; 18 UfaBizPhoto/Shutterstock; 19 Vershinin89/Shutterstock; 20 Dmitry Kalinovsky/Shutterstock; 21 Oliver Hoffmann/Shutterstock; 23 Juraj Kamenicky/Shutterstock; 26 Gorodenkoff/Shutterstock; 27 Carlos Calvo Torregrosa/Shutterstock; 28 Melissa Madia/Shutterstock; 31 RossHelen/Shutterstock; 33 Tatiana Kovaleva/Shutterstock; 35 SeventyFour/Shutterstock; 36 meunierd/Shutterstock; 41 jivacore/Shutterstock; 43 kojoku/Shutterstock; 48 Vicki Cain/Shutterstock; 49 Shan_shan/Shutterstock; 53 natalia_maroz/Shutterstock; 57(o) lassedesignen/Shutterstock, (u) Nine_Tomorrows/Shutterstock; 60 Monstar Studio/Shutterstock; 61 DenisaPro/Shutterstock; 62 ShutterStockStudio/Shutterstock; 63 Nicku/Shutterstock; 67 Atomazul/Shutterstock; 68 rvlsoft/Shutterstock; 69 valleyboi63/Shutterstock; 71 Castleski/Shutterstock; 72 Thierry Eidenweil/Shutterstock; 73 SpeedKingz/Shutterstock; 75 NEFLO PHOTO/Shutterstock; 77 mikeledray/Shutterstock; 80 Antonio Batinic/Shutterstock; 81 Standret/Shutterstock; 83 Ljupco Smokovski/Shutterstock; 87 NASA images/Shutterstock; 88 Rita_Kochmarjova/Shutterstock.

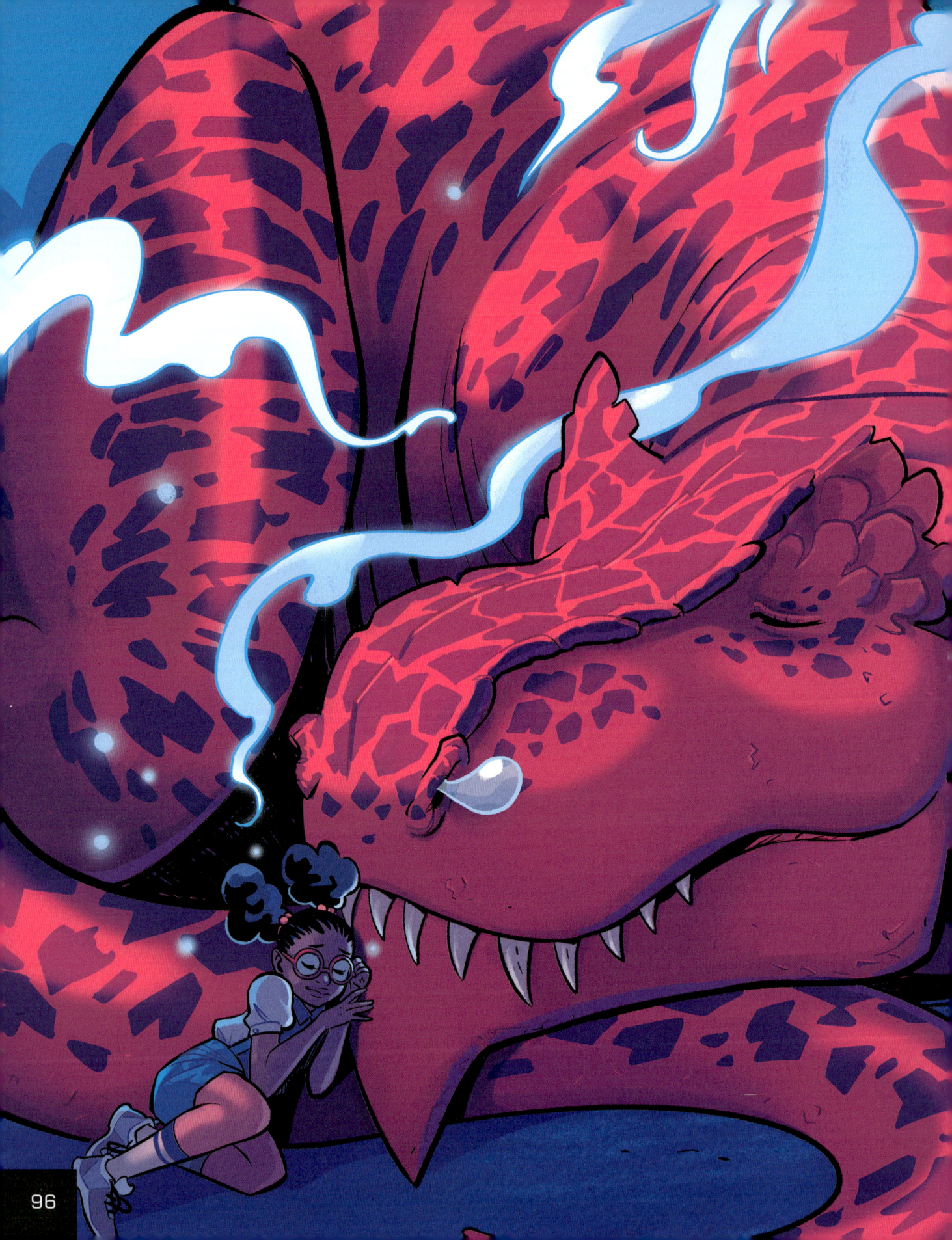